L'ESPRIT
DU
CITOYEN.

L'ESPRIT

DU

CITOYEN.

Ouvrage philofophique, politique & critique

Par M. DUMAS, Avocat.

Et vaganti frœna licentiæ
In jecit, amovit que culpas.
Hor. Liv. IV, Ode XIV.

A NEUCHATEL

Chez Fauche fils aîné, Favre & Compagnie,
Imprimeurs-Libraires.

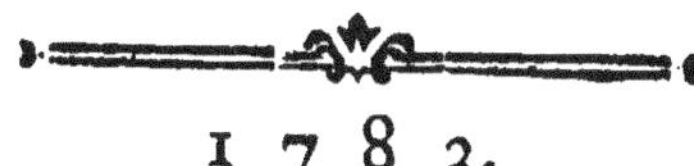

1783.

INTRODUCTION.

Un auteur qui n'écrit que pour écrire, cherche plutôt à remplir des feuilles qu'à inftruire les hommes; une introduction ne fert fouvent qu'à groffir un volume. Mais lorfqu'il s'agit de mettre au jour des vérités importantes, on doit avoir un autre objet; on ne doit rien négliger de ce qui peut conduire à leur intelligence; on doit préparer le lecteur à les fentir, & une introduction précife eft vraiment un flambeau qui l'éclaire dans les fentiers qu'il va parcourir.

Je ne cherche point à acquérir une réputation, & la célébrité me flatteroit peu; on me croira peut-être difficilement; cependant je n'ai en vue que le bonheur de mes sem-blables.

Le bien général & le bien particulier m'ont paru avoir ensemble une liaison essentielle, je n'ai pas cru que l'un pouvoit subsister sans l'autre. J'ai conclu de ce principe que l'homme doit être heureux même pendant sa vie mortelle; je l'ai prouvé par sa nature, par sa constitution, par les loix générales que le créateur a établies, par la nature de Dieu même, en faisant connoître son immense bonté. & les sentimens de reconnoissance que nous lui devons.

Affecté des malheurs de l'huma-

nité, j'ai refusé d'y attribuer des caufes imaginaires, j'ai cherché la véritable, je l'ai trouvée dans le cœur
de l'homme même & n'ai rien épar-
gné pour la détruire. J'ai peint les
vices & les vertus afin que chacun
puifTe fe reconnoître aux différens
portraits que j'ai tracés, juger que
mes obfervations font applicables à
fon état, & que je lui ai au moins
enfeigné à ne pas être le propre inftrument de fes peines.

Que l'on ne me croie pas capable
d'une trop grande auftérité; j'ai fu
garder les mefures convenables & en
toutes chofes éviter les extrêmes.
Mes difcours n'ont rien de femblable à ceux que l'on a coutume d'ap-

puyer fur des loix tyranniques & des preuves inintelligibles. L'homme peut connoître par fon propre cœur la vérité de ce que j'avance, & tous mes raifonnemens ne tendent qu'à lui affurer une vie douce & paifible. Il m'a été néceffaire de le confidérer en lui-même; mais les relations infinies qu'il a avec fes femblables font bien plus importantes, & c'eût été peu que traiter de fon état particulier, fi je n'euffe étendu mes réflexions fur fon état en fociété. Tout ce qui concerne celle-ci & le citoyen m'a paru pouvoir être rapporté à quatre propofitions principales qui ont pour objet le bien public; elles divifent cet ouvrage en quatre parties.

Dans la premiere, après quelques réflexions dont j'ai déjà parlé sur le bonheur, le malheur, les vertus & les vices de l'homme ; j'ai établi en principe inconteſtable qu'il doit tra-vailler au bien public, j'en ai tiré la preuve, de ſes ſentimens naturels, des loix poſitives, de la crainte des maux publics & du deſir des avanta-ges qui réſultent néceſſairement de ce même bien.

Ce n'eſt pas aſſez d'indiquer des devoirs, il faut en enſeigner, en fa-ciliter l'exercice. Pour que chaque citoyen doive faire le bien public, il faut qu'il le puiſſe, & c'eſt ce que j'ai démontré dans la ſeconde partie, en expliquant à l'homme l'uſage qu'il

doit faire de toutes ſes facultés, &
en lui démontrant qu'il n'eſt aucune
d'elles qui ne ſoit une ſource de biens
publics.

La ſociété renferme cependant
dans ſon ſein des membres inutiles,
des membres dangereux. Il eſt des
hommes qui ne concourent point au
bien public ; il en eſt qui font le mal
public : un tel abus exigeroit des remedes violens ; mais comme il eſt
difficile d'employer tous ceux qui
conviendroient en même tems, je
me ſuis borné à ceux qui m'ont paru
les plus preſſans. Je traite dans la
troiſieme partie de ces hommes qui,
dans un état eſſentiellement pauvre,
poſſedent les plus grandes richeſſes

de la fociété : le mauvais ufage & la deftination actuelle de ces richeffes ne peuvent être tolérés plus long-tems ; l'état doit reftreindre fon clergé aux eccléfiaftiques qui lui font néceffaires pour l'exercice de la religion & rentrer dans le droit réel qu'il a fur les biens fuperflus de ce corps.

Quelqu'humiliante que foit la vérité pour certaines perfonnes, il faut la dire quand le bien de l'état l'exige, les moines font inutiles à la fociété & ne doivent point participer à fes biens ; leur deftruction eft jufte, j'en démontre la néceffité, l'utilité & la maniere.

L'objet de la quatrieme partie occupe depuis long-tems les princes,

les grands hommes & les acadé-
mies ; c'est la mendicité si honteuse
& si pernicieuse à un état ; j'en cherche d'abord les sources & j'en examine les différentes branches ; je di-
vise les mendians dans leurs classes
propres , & j'établis ensuite un systême qui satisfait aux conditions que
l'on regarde comme inviolablement
attachées à la destruction de la mendicité. Je crois que selon les moyens
que j'ai imaginés, le sort des mendians pourroit non - seulement être
moins dur , mais très - supportable.
L'exécution de mes projets n'entraîneroit aucune nouvelles charges pour
l'état , elle dépendroit uniquement
d'une meilleure administration du

bien des pauvres; ceux qui font à charge deviendroient utiles ; l'état s'enrichiroit en rendant l'activité à un grand nombre de citoyens, en détruifant des abus & en fourniffant aux malheureux des reffources abondantes contre leurs befoins, l'état s'enrichiroit enfin en diminuant le nombre de fes pauvres, & en les faifant prefque tous difparoître.

Des réflexions auffi importantes, paroîtront peut-être au-deffus des forces de quelqu'un qui n'a jamais paru dans l'arêne ; mais qu'importe? Ne puis-je pas applaudir à mon travail, puifque j'ai fait tout ce qui dépendoit de moi? Si le fuccès ne répond pas à mes defirs, je l'avoue, je ferai moins content, mais j'aurai la confolation d'avoir connu la vérité, de ne m'en être point écarté, & d'avoir démontré à la fociété & aux citoyens leurs véritables intérêts.

Que l'on ne cherche dans cet ouvrage ni la diffimulation adroite, qui fert d'excufe à tant d'auteurs, ni l'éloquence fubtile & étudiée qui concilie des fuffrages ; j'ai écrit auffi naturellement que j'ai penfé ; celui qui ne fuit que les mouvemens de fon cœur montre par-tout une fimplicité exempte de fard ; je me fuis contenté de dire le vrai & de le propofer avec ordre. Si l'on trouve quelqu'hardieffe dans mes peintures, qu'au moins on ne dénigre pas mon intention ; j'aime ma patrie, je refpecte les fouverains ; les magiftrats & la religion ; mais j'aurois cru montrer de la baffeffe & de la pufillanimité en palliant des vices qui révoltent dans toutes les claffes où ils peuvent fe trouver. L'amour du bien public a été ma feule regle ; pourrois-je m'être rendu coupable en la fuivant, & le véritable efprit d'un citoyen pourroit-il déplaire à ceux qui en font animés ?

J'ai tracé le plan de mon ouvrage, s'il eft propre à exciter la curiofité qu'on le life. Celui qui ne l'en jugera pas digne doit croire auffi que je n'ai point écrit pour lui, il ne me

fais pas injure, mais la peine qu'il a
eue de lire cette introduction n'est
pas aſſez conſidérable pour que je
lui en faſſe des excuſes.

L'ESPRIT

L'ESPRIT
DU CITOYEN.

PREMIERE PARTIE.

Tout homme doit travailler au bien public.

S'IL est important à l'homme de connoître l'étendue de ses obligations, il lui est nécessaire aussi de sentir la noblesse de sa nature & la grandeur de sa destinée. Image de la divinité, il est le chef-d'œuvre du Créateur ; idole de la nature, il en reçoit sans cesse des hommages qui lui prouvent sa supériorité aux autres êtres ; ils semblent tous n'avoir été créés que pour son avantage particulier ; l'homme est le roi du monde. Orné des dons les plus précieux du ciel ; la vertu

A

l'éleve jufqu'au trône de l'Eternel, & lui fait oublier les foibleffes qui l'en éloignent; fa grandeur fe manifefte par l'abus même qu'il en fait; &, dans quelqu'état qu'il fe trouve, il peut feul fe dire à lui-même, un Dieu s'eft affimilé à moi.

Dieu eft grand, fa puiffance & fa majefté font infinies, cependant l'homme eft devenu l'objet de fes complaifances; tout ce que Dieu a fait, il l'a fait pour l'homme; c'eft pour lui que la terre, de ftérile & ingrate qu'elle étoit, eft devenue féconde & admirable par la variété & l'abondance de fes productions; c'eft pour lui que les aftres brillent dans le ciel, pendant le jour, & que la nuit ils fe couvrent de nuages pour faciliter fon repos & veiller à fa tranquillité; c'eft pour lui que les ruiffeaux arrofent les plaines, que les troupeaux paiffent fur les côteaux & que des animaux de toute efpece s'engraiffent des fucs de la terre & fe multiplient jufqu'à l'infini. C'eft pour l'homme que la providence de Dieu a établi & entretient cette brillante harmonie dans les différentes parties du monde, & qui fait que

toutes concourent au même but sans aucune
confusion ; c'est pour l'homme enfin que
Dieu est descendu de son trône ; quelle plus
grande bienfaisance de sa part ? quelle créature a été comblée de faveurs aussi précieu-
ses ? quelle idée devons nous avoir d'un être
pour qui le ciel semble ainsi avoir épuisé
sa bonté & sa puissance ? participant à l'essence divine & à sa gloire, ne devoit-il
pas participer à son bonheur, ne devoit-il
pas être heureux sur la terre ?

Ne nous y trompons point ; une vie dure
& pénible pour nous, n'est pas entrée dans
les décrets de l'Eternel ; si l'homme est né
pour être malheureux, la vie n'est plus un
don ; un foible espoir pour des siecles in-
certains ne peut la rendre chere, l'auteur
de notre être seroit un tyran cruel si, pour
nous faire quelques biens, il commençoit
par nous accabler par toutes sortes de maux :
se disposeroit-il à exercer sa bonté par des
actes de cruauté, ou sa bienfaisance lui se-
roit-elle moins douce, si elle n'eût été pré-
cédée des actions les plus barbares ? La sou-
veraine puissance convient, par essence, à

celui qui possede toutes les perfections ;
mais si son bras s'étend sur les humains, sans
doute, c'est plutôt pour soutenir leur foiblesse que pour les écraser par des tonner-
res ; sa bonté infinie doit caractériser toutes
ses actions ; sa clémence n'est point une chy-
mere ; & sa toute puissance même ne peut
en empêcher les effets. Mettrons-nous la
divinité en contradiction avec elle-même ?
Dieu a tout fait pour l'homme, seroit-ce
pour l'homme malheureux ? Il a voulu que
la nature entiere contribua au bonheur de
l'homme ; peut-il afin d'exercer sa justice,
s'opposer à un bien qui est entré dans ses
décrets ? Notre félicité diminueroit-elle celle
de Dieu ? Pourroit-elle porter atteinte à sa
gloire ? Pourroit-il, du haut de son trône,
se plaire à voir souffrir l'ouvrage de ses
mains, une créature faite à son image, &
qui porte en elle l'empreinte de la divinité ?
Non, sans doute, la raison se refuse à des
idées aussi injurieuses à Dieu qu'affligeantes
pour l'homme : elles ne peuvent tirer leur
source que d'une raison aveuglée, d'une
philosophie sans principes, ou d'un fanatis-

me extravagant & ridicule. Honorons la Divinité, adorons fes perfections infinies; ne prefcrivons pas de bornes à fa puiffance, mais n'oublions jamais que fa bonté furpaffe toute intelligence. Je fens que celui qui ma créé, m'a fait pour moi & non pour lui; il a voulu qu'une vie douce & paifible me fut un témoignage conftant de fa bienfaifance; & que, dès cette vie, je paffe à la félicité dont il jouit. Cependant l'homme eft malheureux, il eft fujet à des miferes qui l'affligent, il éprouve des viciffitudes qui le tourmentent, il jouit rarement de cette douce paix, de cette aimable tranquillité, qui font la marque du vrai bonheur; la vie lui eft par fois à charge, ennuyeufe, au moins dans quelques inftans; il lui feroit fouvent avantageux, de ne pas exifter. D'où vient ce défordre général, cette contradiction entre les vues du créateur & la fituation de la créature? Pourquoi, de tant de millions d'êtres deftinés au bonheur, en eft il fi peu, qui y parviennent? Pourquoi un bien fi précieux, recherché par tout le monde, n'eftil, pour ainfi dire, poffédé par perfonne?

A iij

La caufe des malheurs de l'homme exifte dans fon propre cœur, fon intellect & fa volonté font également corrompus ; on ne reconnoit plus en lui cette pure & faine raifon qui devoit régler toutes fes actions, cette fageffe éclairée qui cherche la vérité & fait toujours la reconnoître ; l'aveuglement, l'ignorance & les préjugés ont été fubftitués au flambeau divin qui étoit deftiné à nous diriger dans les fentiers de la juftice. D'une part, on voit l'irréligion ouvrir la porte à tous les crimes, fous le voile d'une tolérance raifonnable & néceffaire ; de l'autre, on voit le rigorifme infenfé, le fanatifme cruel, la fuperftition ridicule, tyrannifer tous les cœurs & maitrifer le monde entier, fous le nom de Religion : en faut-il d'avantage pour nous convaincre que fi l'homme eft malheureux, c'eft parce qu'il le veut, & que la dureté de fa fituation eft une fuite néceffaire de fa corruption ? Le bonheur eft le fruit & la récompenfe de la vertu ; qu'on me montre l'homme fage & vertueux, & je montrerai l'homme heureux, telle eft la définition que je puis donner du bonheur; mais qu'eſt-ce que la ſituation qui lui eſt oppoſée? Interrogeons les malheureux, examinons ce qui ſe paſſe au dedans de nous mêmes, & nous connoîtrons le malheur: nous ſavons qu'un cœur qui a des deſirs qu'il ne peut ſatisfaire, aſpire vainement à la félicité. Ce ſont les différentes attributions faites aux mêmes objets qui excitent & reglent nos deſirs ou nos averſions; nous jugeons des choſes comme nous les voyons; ce jugement détermine notre volonté à l'amour ou à la haine, à la recherche ou à la fuite de l'objet qui a fait impreſſion ſur nous; de là viennent les deſirs déſordonnés, les paſſions fortes, les regrets, les inquiétudes. Le point de vue ſous lequel nous nous repréſentons les objets, l'impreſſion qu'ils font ſur notre ame ſont donc la ſource du bonheur ou du malheur que nous éprouvons. Quelque facile que ſoit l'erreur qui nous ſéduit, elle n'eſt cependant pas néceſſaire; le voile qui nous cache la vérité n'eſt pas impénétrable: l'attention & la réflexion ſur tout ce qui excite nos defirs peuvent nous les faire reftraindre dans de juftes bornes.

Pour peindre tous les objets qui font impreffion fur nous, & les divers fentimens qu'ils font naître dans nos ames, il faudroit pénétrer dans les cœurs de tous les hommes, en obferver fcrupuleufement tous les mouvemens, ou plutôt il faudroit que le même homme renferma en lui l'humanité entiere, & qu'il fut fufceptible d'une obfervation affez vafte & affez foutenue pour fentir & appercevoir d'une maniere diftincte tout ce qui fe pafferoit en eux; mais l'homme peut à peine, fe connoître lui-même, comment connoîtroit-il tous fes femblables & ce qui eft hors de lui? Les idées fe fuccedent avec une rapidité que l'attention la plus forte ne peut fuivre; il n'eft perfonne qui puiffe rendre un compte exact de tout ce qui s'eft paffé en elle dans un feul inftant, comment le pourroit-elle pour tout le tems de fa vie? On ne peut donc traiter que d'une maniere générale, de ces objets qui excitent en nous les fentimens vifs qui affectent notre ame & la réduifent dans un état qui la rend, à la fois, misérable & captive.

Quoique les philosophes diſtinguent ordinairement deux ſortes d'actes dans l'homme, & qu'ils établiſſent une différence eſſentielle, entre l'amour & la haine, on peut cependant les rappeller l'un & l'autre à la premiere eſpece comme à leur premier & ſeul principe : ſi je hais un objet, c'eſt parce que j'aime ce qui lui eſt oppoſé ; toutes les fois que j'agis librement, c'eſt parce que mon inclination me porte à exercer tel acte, & cette inclination qui opere en moi une détermination, n'eſt autre choſe qu'un amour effectif de l'objet préſent à mon eſprit & propoſé à ma volonté. L'homme n'eſt pas libre de faire le mal, en tant que mal, il faut l'apparence du bien pour fixer ſon choix, & la vue d'un bien relatif eſt toujours accompagnée d'un ſentiment d'amour, mais cette apparence de bien eſt ſouvent ſans réalité, nous nous repréſentons les objets tout autre qu'ils ne ſont en eux-mêmes, nous aimons ce que nous devrions haïr, & nous haïſſons ce que nous devrions aimer : delà vient que nous cherchons le bonheur où il n'eſt pas ;

comment peut-il se faire que nous l'acqué-
rions? n'est-ce pas chercher la vie dans la
mort même?

Tous les hommes regardent les richesses, les honneurs & les plaisirs du monde
comme le souverain bien; ils s'y attachent,
les aiment, les recherchent comme la source
de leur bonheur, mais cet amour est insensé, il est sans fondement & fait nécessairement le malheur de tous ceux qui s'y
livrent avec aveuglement.

Les préjugés du siecle & la corruption
honteuse ont tout accordé aux richesses;
un trésor bien fourni, tient lieu de mérite;
la vertu est avilie, si elle n'est soutenue par
l'éclat de la fortune; si l'on est riche on est
tout; la pauvreté est devenue honteuse; si l'on
est pauvre, on n'est rien. Le financier qui
a pillé le prince & l'état, devient le plus parfait honnete homme, lorsque ses rapines l'ont
mis à même d'acheter le suffrage de quelques fous. Un courtaud de boutique qui,
dans son principe, étoit regardé comme un
valet, par adresse ou par surprise, sait se rendre utile, quelquefois nécessaire, épouse la
fille d'un commerçant, devient tout-à-coup,

ʒendre, affocié & négociant en titre; il n'eft
encore rien, mais il efpere bientôt fortir
de fa fphere; la fortune brillante qu'il a
faite le met en état d'acheter une terre,
un nom, une charge; fa table va être fplan-
dide, fes vices délicats, fa femme coquette;
il vivra comme un homme diftingué de la
lie du peuple & fera plus honoré; quel eft
fon mérite? c'eft d'avoir fu tromper une
fille & gagner un peu d'argent; l'amour
des richeffes l'emporte fur tout; les emplois ne font honorables qu'en raifon des
profits qui y font attachés: fi les moindres
cures valoient cent mille francs & que les
revenus de l'épifcopal fuffent réduits à un
centieme, tous ceux qui font aujourd'hui
curés, feroient évêques, & ceux-ci n'auroient jamais préféré la mitre au bonnet
quarré. Si un abbé régulier ne pouvoit impunément s'approprier les revenus d'un
monaftere & en abufer, on verroit moins
d'ambition dans le cloître; fi le foin & l'adminiftration des biens étoient confiés au dernier religieux, on en verroit qui paroîtroient
r evêtus des qualités clauftrales; tous fe dif-

puteroient, à l'envi, la derniere place ; on
y parviendroit par les mêmes moyens
dont on se sert pour s'élever aux premieres, je veux dire, les brigues, les trahisons,
l'hypocrisie, la fourberie & la plus noire
intrigue. C'est une chose au-dessous d'un
prélat, d'un riche bénificié, de dire la messe ;
la rétribution seule peut y forcer, le prêtre
ne prie plus sans que son intérêt l'exige,
en un mot on fait tout pour de l'argent &
rien sans argent : voilà pourquoi tout le
monde le desire & le recherche, mais pour
peu que l'on réfléchisse sur l'objet & la nature de ce desir, & qu'on examine les richesses avec un esprit exempt de préjugés ;
on verra que l'on court après une ombre qui
fuit, un phantôme sans réalité, un bonheur
imaginaire. Un homme possede de grands
biens, il se montre par tout avec magnificence, ses équipages sont dorés, ses édifices surperbes, ses laquais bien vêtus, sa table
est servie avec profusion & l'on trouve en lui
tout ce que l'or peut procurer ; tout ce qui
est appréciable est en son pouvoir. Il est
aisé de se laisser surprendre par des dehors

auſſi apparens; l'indigent, ébloui d'un tel faſte, trouve ſa ſituation bien plus pénible; l'habitant de la campagne, plein d'admiration, s'écrie dans l'excès de ſa ſurpriſe? oh! que cet homme eſt heureux! il envie ſon ſort & ſe plaint au ciel de ce qu'il ne lui a pas accordé les mêmes faveurs; il étoit content, il étoit heureux, il deſire les richeſſes & il devient eſclave; il ne voit plus qu'avec mépris le petit héritage qu'il cultivoit autrefois avec tant d'allégreſſe; ſa femme, ſes enfans, ſes travaux étoient tout ſon bien, ſon cœur étoit ſatisfait; mais il a vu la pompe des villes, il a connu les richeſſes; il deſire, il gémit! ſa chaumiere eſt devenue un aſyle plein d'amertumes, la ſoif de l'or en a fait diſparoître la joie, la tranquillité; & elle n'eſt plus pour lui que le ſpectacle du malheur. C'eſt un aveuglement bien commun que de juger du véritable état d'un homme par des dehors auſſi trompeurs; quand un objet nous frappe, & que nous le deſirons ardemment, nous ſommes portés à juger que les autres en ſont affectés de la même maniere; nous eſtimons heureux ceux qui le poſſedent, parce que nous nous perſuadons que nous ſerions tels, ſi nous étions à leur place; mais tel qui poſſede un bien que nous deſirons, a d'autres deſirs qui ne ſont pas moins propres à troubler la paix de ſon cœur, que ceux qui nous tourmentent nous-mêmes. Ce ne ſont ni les équipages, ni les papiers, ni les poſſeſſions d'un homme qu'il faut examiner pour ſavoir s'il eſt heureux, c'eſt ſon cœur : celui d'un riche, bien loin d'être ſatisfait, eſt ſouvent plus agité que celui de quelqu'un dont la fortune eſt mé-diocre, ou même inſuffiſante; l'homme riche deſire de le devenir encore plus; les pertes lui ſont plus ſenſibles, parce qu'elles dimi-nuent le faſte orgueilleux qu'il veut montrer; toujours ſpéculateur & ambitieux, il court ſans ceſſe après un bonheur imaginaire; & tourmenté par la poſſeſſion de ce qu'il a, & par le deſir de ce qu'il n'a pas, il ſouffre également de l'un & de l'autre. A qui ſont réſervés ces grands coups de la fortune, qui acca-blent celui qui en eſt la victime & excitent la compaſſion des autres? N'eſt-ce pas au riche négociant qui a entaſſé de toutes parts,

ce que la mauvaife foi lui enleve en un inftant ? n’eft-ce pas au joueur obftiné qui,
guidé par un vil intérêt. rifque des fommes
immenfes & fe voir, d’un feul coup, fans
biens, fans crédit & fans efpoir? D’où viennent ces mariages fi mal affortis, qui font
le malheur de deux époux ? N’eft-ce pas
parce que l’on n’y recherche que l’argent?
Les qualités de l’efprit & du cœur ne font
rien dans une jeune perfonne, à peine s’en
informe-t-on: on demande feulement quelle
eft fa dot, combien elle a, tant en comptant
qu’en efpoir. Une fille eft laide jufqu’à la
difformité, elle a une humeur bizarre, un
caractere infociable, elle eft fans talens,
fans mérite, n’importe : elle a une dot
confidérable qui lui tient lieu de tout ; on la
courtife, elle fe marie, & celui qui a fa main
& fa fortune, donneroit bientôt le double
de celle-ci pour n’avoir ni l’un ni l’autre. Le
defir immodéré des richeffes n’eft pas particulier à une certaine claffe d’hommes, il eft
commun à toutes, avec cette feule différence que ceux qui en ont moins, en defi-
rent moins : le journalier ne penfe pas à

avoir des châteaux, des domaines; le laboureur n'aspire qu'à la vie du bourgeois; mettez l'un & l'autre à la place où ils voudroient être, donnez à chaque homme la portion de biens qui fait l'objet de ses vœux, à peine les possédera-t-il qu'il en desirera d'autres; demandez à un riche bénéficié à quoi se bornent ses vœux sur les biens de l'église, faites la même demande à un vicaire de campagne; les abbayes les plus opulentes ne suffiront pas à l'un, & l'autre croira pouvoir être content de la plus petite cure. On se persuade facilement que si l'on étoit parvenu à tel ou à tel point, on ne penseroit plus qu'à jouir, mais c'est une illusion que tout le monde peut reconnoître en consultant son propre cœur: la multitude des desirs est pour tous les hommes un sujet de troubles, bien plus dangereux dans celui que l'amour des richesses entraîne, & bien moins dans celui qui en possede moins: l'acquisition en est difficile, la possession pénible, & la perte sensible. Dans quelque circonstance que se trouve l'homme, il ne lui est pas possible de s'enrichir véritable-

ment

ment fi ce n'eft par le mépris des richeffes;
celui qui les recherche trouve des peines
& s'appauvrit en les acquerrant, puifqu'elles augmentent fes defirs & fes befoins:
celui qui n'a que dix fols & qui en defire
quinze a moins de néceffités que celui qui
en a vingt & qui en defire quarante; il eft par
conféquent plus riche : l'un a les deux tiers
de fes fouhaits accomplis & l'autre n'en a
que la moitié; le plus pauvre en apparence eft
donc dans la réalité le plus riche & le plus heureux. Le defir des richeffes eft défordonné,
il eft contraire à la félicité de l'homme; con-
tentons nous donc de ce que nous avons; ne
cherchons pas à franchir les bornes qui
nous ont été impofées par la nature; pourquoi vouloir fortir de la fphere où il a plu
au ciel de nous placer? Quelque petite
qu'elle foit, elle a affez d'étendue pour nous
contenir. Il eft inutile de rechercher le bonheur fi l'on n'en trouve en foi la fource &
le principe; il confifte dans le contentement
du cœur, & c'eft un bien que la fortune
ne peut nous donner! Heureux celui qui
voit les richeffes avec les yeux du fage! Mal-

B

heureux celui qui les defire, les recherche
& s'y attache trop fortement! Une nouriture frugale, un vêtement fimple font les
feuls véritables befoins de l'homme ; on ne
peut donner plus d'extention à fon pur néceffaire; tout ce qui excède eft fuperflu & l'on
peut s'en paffer. Ceux que la fortune favorife
peuvent ufer de fes dons, mais avec modération, avec défintéreffement. Un efprit humain,
un cœur bienfaifant, une ame généreufe font
d'ailleurs des qualités auffi rares dans les riches qu'elles leur font néceffaires; celui qui
s'intéreffe au bien de fa patrie, au fort des malheureux, le véritable homme, le zélé citoyen
peuvent defirer les richeffes & en ufer; mais
combien peu en eft-il qui fachent les apprécier felon leur valeur réelle, qui réfif-
tent aux préjugés qui les font eftimer & rechercher avec paffion, à la corruption qui
les a dévouées à des ufages indignes de l'homme ? L'idole du peuple eft celle de tous fes
membres, tous lui rendent hommage & flé-
chiffent le genoux devant elle ; l'erreur eft
eft générale, tout le monde prodigue l'en-
cens à une matiere vile par elle-même &

& qui n'a de prix que par une propriété à laquelle perſonne ne fait attention.

Je n'ai pas lieu deſpérer que mes réflexions pourront détruire ce que tant d'autres ont inutilement combattu, mais j'aurai fait beaucoup en diminuant, peut-être, dans quelques-uns de mes ſemblables, une paſſion qui fait le malheur du plus grand nombre. Je montrerai ailleurs l'uſage que l'on doit faire des biens de la fortune; ceux qui les poſſedent ſeront inſtruits par leur propre expérience qu'ils ne peuvent les conduire à la félicité qu'ils ont cru trouver en eux; & ceux qui en ſont privés trouveront ici un puiſſant motif de conſolation & apprendront à mépriſer une choſe dont la poſſeſſion même ſeroit leur tourment. L'hiſtoire nous prouve que l'homme eſt capable de cet effort, & notre ſiecle même nous a fourni des modeles du plus parfait déſintéreſſement.

L'amour des honneurs du monde n'a pas des ſuites moins fàcheuſes que le trop grand amour des richeſſes; ſi l'erreur qui l'établit eſt moins groſſiere, elle n'en eſt que plus

Séduisante : les écueils les plus dangereux ne font pas toujours les plus fenfibles.

Il faut bien diftinguer l'honneur qui conftitue l'honnête, de ce que le monde appelle communément *honneur*; l'un eft un fentiment qui nous fait chérir le bien, parce qu'il eft tel, & nous rend incapables de ces baffeffes qui font la marque d'une ame vile : l'autre eft une paffion qui nous fait rechercher des grandeurs qui ne fuppofent ni vertu folide, ni mérite diftingué. Tous les hommes en général font naturellement portés à s'eftimer eux-mêmes ; on voit dans tous une difpofition maligne à méprifer leurs femblables ; il n'y a qu'une trop grande difparité qui puiffe faire convenir les uns de la fupériorité des autres : un manouvrier fe perfuadera difficilement qu'il a les talens d'un habile architecte ; un milicien ne fe croira pas auffi en état de commander qu'un général d'armée. Mais ne mettons pas une fi grande diftance entre les hommes que nous comparons enfemble ; rapprochons-les, afin qu'ils puiffent donner un libre effor à leurs fentimens ; defcendons dans toutes les claſſes, nous reconnoîtrons dans tous ceux qui les compoſent une forte inclination à s'élever aux dépens des autres : un militaire ſe croit plus en état de commander qu'un autre ; un juge croit avoir plus de lumieres & d'équité que ceux qui partagent avec lui le ſoin de rendre la juſtice ; il n'eſt pas de prêtre qui ne croie mériter les premieres dignités de l'égliſe ; un marchand a toujours les meilleures marchandiſes, & les vend au meilleur compte ; il n'eſt pas juſqu'à un ſavetier qui ne trouve en lui un talent que pluſieurs cordonniers n'ont pas. Une telle opinion conçue favorablement de nous-mêmes, ſemble nous donner des droits aux faveurs du monde ; & lorſque celles que nous en recevons n'y ſont pas conformes, nous crions à l'injuſtice : elle excite en nous des deſirs qui ſont preſque toujours vains, quoiqu'ils nous paroiſſent légitimes : or, une augmentation de deſirs emporte néceſſairement une diminution de la paix du cœur ; un honneur que nous croyons nous être dû, & que nous recherchons ſans pouvoir l'obtenir, ſuffit pour empoiſonner nos jours ;

B iij

de-là naiffent des haines, des jaloufies, des trahifons, des troubles auffi contraires au bonheur des particuliers qu'au bien de la fociété. L'ambition démefurée eft auffi la fource de cette baffe flatterie qui avilit notre ame, nous fait couvrir du voile de la vertu les vices les plus honteux, & nous rend coupables de tous les crimes. Quiconque prétend à une place honorable eft affuré d'avoir des rivaux, & par conféquent des ennemis : vingt concurrens feront prêts à le déchirer par les traits envenimés d'une calomnie atroce. Il eft des ames altieres qui s'eftiment plus que le monde entier ; le mérite le plus certain n'eft pas à l'abri de leurs reproches ; & fi elles font forcées de reconnoître des vertus dans quelqu'un, ce n'eft jamais fans reftriction : leur ame noire leur montre des vices qui obfcurciffent & corrompent ce qu'il y a de plus pur ; l'orgueil aveugle & la fatuité ignorante leur fourniffent toujours des motifs pour méprifer leurs femblables. Un homme de mérite devient fufpect à ceux qui en ont moins ; il leur eft bientôt odieux : c'eft un crime d'avoir des talens, & la vertu

eft fouvent opprimée ; combien n'eft-il pas
de perfonnes qu'elle a elle-même éloigné
des faveurs auxquelles elles prétendoient ?
combien au contraire n'en eft-il pas qui ne
font redevables qu'au crime de l'eftime dont
elles jouiffent, & ne font parvenues aux
honneurs que par une intrigue honteufe, &
la plus baffe flatterie ? combien qui ne fe
font élevées qu'en s'abaiffant jufqu'au dernier degré d'abjection où il leur étoit poffible
de defcendre ? n'eft-ce pas là chercher les
honneurs dans la fource même de l'aviliffe-
ment, & ne paroître grand que parce que,
dans la réalité, on eft devenu plus petit ?

Si l'on ne jugeoit des honneurs du monde
que par l'empreffement avec lequel la plupart des hommes les recherchent, on croiroit facilement que c'eft un fouverain bien,
qui doit remplir toutes les facultés de leur
ame, & leur affurer une félicité complete ;
mais, en confidérant les troubles que ce
defir excite dans les cœurs, en examinant
ce qui peut fe paffer dans celui d'un ambitieux, on reconnoît qu'il eft raifonnable &
néceffaire de rejeter la poffeffion d'un bien

dont les attraits font féduifans, mais trompeurs.

Le préjugé nous a fait regarder les honneurs du monde comme une qualité dans celui qui en jouit, qui change fa maniere d'être; ce n'eft cependant qu'une certaine façon de penfer dans les autres, qui nous flatte, parce qu'elle paroît fuppofer du mérite; mais ceux à qui on en attribue le plus n'en ont-ils pas fouvent le moins? L'opinion d'autrui fur nous-mêmes eft prefque toujours un jugement fondé fur le caprice, & non fur la vérité; il eft relatif à la maniere dont nous voyons les objets, & toujours accomodé à nos inclinations les plus fortes: ainfi, les hommes vertueux aiment, eftiment & honorent la vertu; & ceux qui font corrompus, livrés aux paffions, dirigés par les préjugés, n'honorent que ce qu'ils fenten en eux. Rechercher les honneurs, c'eft donc attacher un prix à une eftime vaine, c'eft vouloir réunir en foi des fuffrages aveuglés, c'eft defirer un hommage peu digne de la vertu. On honore un magiftrat dans fa province, parce qu'il eft magiftrat; c'eft

peut-être un frippon qui opprime le peuple,
commet des exactions, multiplie les charges; c'eſt peut-être un voleur public qui
s'enrichit aux dépens du prince & des ſujets :
n'importe; il eſt magiſtrat, il a ſu en impoſer
pour devenir tel; il ſera auſſi honoré que s'il
étoit le plus parfait honnête homme. Un
militaire reçoit des honneurs proportionnés
à ſon rang : quel en eſt le principe? en quoi
les mérite-t-il ? c'eſt peut-être un homme
vil & mercenaire, qui lâchera le pied à la
premiere circonſtance; qui, à la veille d'une
bataille, tombera malade, ou ira voir ſon
pere à l'agonie; c'eſt peut-être un traitre qui
ſacrifiera le prince & l'état à ſes propres
intérêts. Un prélat reçoit des hommages; on
le monſeigneuriſe du matin au ſoir; l'eſtime,
le reſpect, l'obéiſſance lui ſont dus & rendus : cependant, c'eſt peut-être un fat heureux, qui n'a d'autre mérite que d'apparte-
nir à une famille, qui compte des hommes
illuſtres parmi ſes membres, & qui ne fait
d'autre bien dans ſon diocèſe que d'en confier le ſoin, & de ne pas ſe mêler de ſon gouvernement; il eſt quelquefois avare, orgueil-

leux, libertin, je dirois presque débauché :
mais c'est l'homme public, c'est l'homme
en place, il a le nom d'homme de Dieu, c'est
monseigneur l'évêque, il est honoré comme
s'il le méritoit. Un juge vend quelquefois
la justice, & estime plus le poids de l'argent
qu'il reçoit, que celui des raisons; pour lever
ses doutes, il n'y a qu'à lui porter de l'or :
la sollicitation d'une belle femme rend juste
la plus mauvaise cause; ses faveurs, ses présens lui en assurent le gain. Telles sont les
seules loix consultées dans certains jugemens; mais c'est monsieur le juge qui fait
tout cela, & on l'honore comme s'il avoit
les talens & les vertus propres de son état.
Un seigneur, qui n'en a que le nom & les
parchemins, méritoit tout au plus de vivre
avec ses vassaux; mais ses ayeux ont eu du
mérite; il a l'adresse de faire rappeller au
prince leur nom & leurs exploits, & monsieur le gentilhomme, qui se présente à la cour
avec une épouse faite pour plaire, a bientôt
une place honorable; il reçoit des hommages proportionnés à son nouveau rang : quel
est son mérite? c'est d'avoir un nom & une

femme belle & complaifante. On ne demande pas aujourd'hui quel eft le médecin qui fe diftingue le plus par fon travail & fes talens; il en eft un qu'un heureux hafard a mis à la mode; celui-là a la confiance de tout ce qui fuit le ton des grands; il reçoit des honneurs que cent autres méritent plus que lui.

Je pourrois parcourir ainfi les différentes claffes d'hommes, montrer que, dans toutes, les préjugés font la fource de l'opinion que nous avons d'eux, & que les faveurs font rarement fondées fur le mérite, & conformes à l'équité. D'ailleurs, le rang auquel un homme eft élevé ne prouve pas fa grandeur; la vertu & les talens peuvent être dans l'oubli, & nous n'avons pas droit de méprifer celui en qui nous n'avons pas fu les reconnoître. Un bon foldat eft plus louable qu'un général fans valeur & fans talens. Je reconnoîtrois mieux le fucceffeur des apôtres dans le prêtre humble & pauvre, que dans le prélat riche & faftueux : un fuperbe palais, des courfiers magnifiques, une table délicate, une robe de pourpre, annoncent l'homme élevé en dignité; les vertus chrétiennes & apostoliques désignent ce lui qui devroit être à la place du premier. Les honneurs que le monde recherche & accorde font donc peu dignes d'une grande ame : qui n'aime que la vertu, rit du préjugé ridicule, & cherche plutôt à mériter les récompenses légitimes qu'à en jouir. Pénétrons dans le cœur d'un ambitieux, qu'y verrons-nous? des projets téméraires, des desirs insatiables, des jalousies ameres, une noire envie, des haines implacables; que desire, que cherche-t-il cependant? une opinion vague & sans fondement, un être chimérique, qui n'existe que dans des imaginations déréglées, quelques simulations extérieures de la part des autres, un hommage apparent, un fantôme de respect, le mépris caché sous les dehors de l'estime. Jugeons des honneurs du monde par notre propre cœur, & nous nous convaincrons de plus en plus que l'attachement que nous avons pour eux est insensé : lorsque nous voyons la pompe des grands, le luxe qui distingue les riches, nous leur rendons les devoirs extérieurs auquel l'usage nous a soumis; mais le tribu de nos louanges

intérieures eft bien borné; chacun de nous
fe dit en foi-même : cet homme eft riche,
cet autre eft dans un rang élevé ; mais la
fimple vue de l'un & de l'autre ne nous portera jamais à dire : celui-là emploie fes richeffes au bien public, à foulager les pauvres, à
fubvenir aux indigens ; celui-ci honore fon
rang plus qu'il n'en eft honoré ; fes vertus &
fes talens l'en rendent digne. Nous reconnoiffons la force dans le lion, la voracité
dans d'autres animaux : combien de grands
honorés, dans lefquels on ne reconnoit que
la force du lion ! combien de riches qui
ne font, à notre égard & dans notre efprit,
que des animaux voraces, dangereux, &
engraiffés de la fubftance de la veuve &
de l'orphelin ! Ambitionner les honneurs qui
viennent du rang & de la fortune, c'eft donc
defirer de voir en nous ce que nous n'eftimons point dans les autres ; en effet, quel
avantage y a-t-il à recevoir des hommages
purement fervils ? Celui devant qui l'on
courbe la tête, peut-il pour cela fe croire
plus grand ? croit-il être vraiment honoré,
parce que le hafard l'a diftingué de la foule ?

On verroit fûrement plus de grandeur dans les grands, & moins de faſte dans les riches, fi les premiers penſoient qu'on peut mépri_ ſer leur perſonne & honorer leur rang, & fi les ſeconds étoient bien perſuadés que les honneurs qu'ils reçoivent n'ont d'autre ſour- ce que leurs richeſſes, & ſe termineroient préciſément à la diſparition de leur or.

L'ambitieux cherche une chimere qui lui échappe toujours ; l'avare deſire une vile matiere qui fera ſon tourment: mais ces deux paſſions, quoique dangereuſes & fortes, ſont moins préjudiciables que le trop grand amour des plaiſirs. Leurs attraits nous en- traînent & nous ſéduiſent; nous les deſirons avec ardeur, nous les cherchons avec avi- dité, & nous comptons pour rien les maux qu'ils nous cauſent. Le voluptueux ſacrifie tout à la paſſion qui le domine; il en eſt eſclave, c'eſt à ce ſeul objet que ſe rapportent toutes ſes actions, toutes ſes penſées. Les plaiſirs que le monde offre ſont-ils donc d'une nature à exiger le ſacrifice de toutes nos facultés? ſont-ils donc un bien ſi précieux pour être deſirés avec tant d'empreſſement? Ils ſont bornés à la table, au jeu, aux compagnies, aux faveurs du fexe. Quel bonheur ces quatre objets nous procurent-ils?

A voir la délicateffe qui regne aujourd'hui fur les tables, on croiroit volontiers que l'homme n'a été mis fur la terre que pour s'y repaître de fa fubftance : à peine le diftingueroit-on des autres animaux, dont l'unique foin concerne les befoins du corps. Il faut aujourd'hui dans un feul repas plus de mets que les convives n'en peuvent compter. Ce qui fuffit à peine pour dix perfonnes nourriroit fouvent vingt familles. Deux fervices fentent le bourgeois ; il en faut trois bien complets pour vivre honorablement. C'eft ainfi que penfe & vit une certaine claffe d'hommes ; leur bizarrerie dans le choix égale leur avidité dans la multitude ; il faut que, fur une même table, on leur montre toutes les reffources de la nature & de l'induftrie. La maniere de préparer les nourritures eft une chofe de mode qui change felon le caprice & la dépravation : les riches cherchent moins à vivre qu'à montrer leurs richeffes ; leur table eft fervie de ce qu'il y

de plus rare & de plus cher ; un fruit pré-
coce n'a souvent rien que de très-mauvais,
mais il se vend au poids de l'or, & l'on
en tire vanité ; si on ne le trouve pas bon, on
dira au moins qu'il a coûté cher ; c'en sera
assez pour le faire rechercher. Les étiquet-
tes & les cérémonies d'usage dans les repas
sont des plus fatigantes ; la mode en a réglé
l'ordre & le tems : on regarde comme une
chose ignoble de manger beaucoup ; le bon
appétit est un mauvais ton, qui ne convient
qu'à des bourgeois ; les petits-maîtres, les
femmes & les gens d'honneur disent qu'ils
ne peuvent pas manger ; cependant ils mangent plus dans un seul repas qu'un journalier
ne le fait dans deux ou trois. C'est la mode
de ne pas souper, & on ne la suit qu'en disant
qu'on ne soupe pas. On compte pour rien
un repas où l'on ne mange qu'un poulet froid,
du poisson, plusieurs especes de légumes,
des fruits, des confitures & des sucreries.
Ce degré de dépravation est, il est vrai,
particulier à ceux qui ont le moyen de s'y
livrer ; mais tous les hommes ont le même
desir & les mêmes dispositions à cet égard :

l'affaire

l'affaire principale d'un grand nombre de personnes eft de penfer à ce qu'elles boiront ou mangeront; c'eft à table qu'elles paffent une grande partie de leur vie; c'eft la table qui eft leur Dieu. Un homme riche regle fa table fur fes revenus : plus il a, plus il mange; c'eft là le plus grand ufage de fes biens; encore tous ne confultent-ils pas leur bourfe : combien pour qui la bonne chere eft une fource de ruine totale? Celui qui n'a que pour vivre médiocrement veut franchir les bornes qui le reftreignent. Une vie même bourgeoife furpaffe les forces de plufieurs perfonnes, qui la regardent comme trop modique, & ne veulent y rien retrancher; il eft peu de payfans qui ne fe réfervent quelques jours pour fatisfaire ce penchant, & il en eft beaucoup qui s'en font une habitude infurmontable. Combien d'ouvriers, qui le dimanche confomment le fruit de leurs travaux de toute une femaine? combien qui non contens de fe dépouiller pour fe fatisfaire, comptent d'avance fur des émolumens qu'ils ne percevront qu'après bien des fatigues & des fueurs? Ne peut-on pas dire que des hommes de

C

cette efpece ont affujetti leur efprit à leur
corps ? à quel autre caractere reconnoît-on
donc l'animal brute ? quels font les effets qui
réfultent d'un tel genre de vie ? quels font les
avantages que nous en retirons ? L'habitude
de la bonne chere la fait plus rechercher
qu'aimer ; elle rend infenfible à l'efpece de
plaifir qu'elle peut donner : celui qui y eft
accoutumé ne fait ce qu'il veut manger ; fes
goûts font dépravés ; fouvent il ne trouve
rien de bon. Un laboureur, un artifan trouvent plus de goût à ce qu'ils mangent, que
ceux que j'appellerai ici hommes de bonne
chere ; les uns font leurs délices de la vie la
plus frugale, & les autres ne font que très-
peu fenfibles à celles d'une table fplendide :
tout femble infipide aux uns, & les autres
font dans une difpofition qui leur fait trouver
agréable ce qui paroît devoir l'être moins.
Le ragoût à la fauce noire étoit l'unique
nourriture des Lacédémoniens ; ils la trouvoient délicieufe, & les étrangers ne conce-
voient pas feulement comment on pouvoit
en manger, à plus forte raifon, fe borner
à une nourriture auffi fimple. Les uns vi-

voient dans des exercices continuels & dans une activité soutenue : le meilleur de tous les affaisonnemens, qui est le bon appétit, ne leur manquoit jamais. Les autres, livrés à la mollesse & dépravés dans leur genre de vie, n'apportoient à tous leurs repas qu'un dégoût général. Mais de tels inconvéniens ne font pas les seuls qui résultent de l'usage de la bonne chere : le corps fatigué par les excès, s'use bientôt & devient incapable de faire ses fonctions, au moins avec la même facilité. Combien de maladies dont on méconnoît la cause, & dont les principes font dans les plaisirs de la table ? combien de personnes qui à la fleur de leur âge, font sujettes aux infirmités de la vieillesse ? L'excès dans le boire & le manger, les liqueurs fortes, les vins spiritueux, les apprêts violens, ne peuvent manquer d'affoiblir le tempérament le plus robuste ; c'est pour cela que dans toutes les maladies on commence par retrancher la nourriture ; on ne permet aux malades que la plus simple & la plus naturelle, comme la plus convenable à la constitution de l'homme, & la moins préjudiciable à sa fanté. Combien de perfonnes dans qui les excès de la table font le germe d'une mort prématurée ? combien qui auroient vécu nombre d'années de plus, fi elles fe fuffent contentées d'une vie plus frugale ? On ne voit pas parmi celles qui vivent fobrement, ces accidens que tout le monde redoute, ces incommodités qui rendent la vie languiffante & ennuyeufe : il eft rare de voir des payfans avoir un eftomac foible, & encore moins mourir d'indigeftion. Il faut reftreindre la nature dans fes bornes, & lui accorder fes droits fans la furcharger; tout ce qui n'eft pas néceffité indifpenfable eft un excès dont elle fouffre néceffairement; & le mal, pour être quelquefois moins dangereux & moins fenfible, n'en eft pas moins un mal réel. Une faveur, une odeur qui flattent un peu plus nos fens, voilà l'objet de nos recherches; une fenfation qui ne nous affecte que très-foiblement, fouvent point du tout, une prévention, une habitude vicieufe, nous font aimer la bonne chere; on boit & on mange avec excès, fans favoir pourquoi, fans defir, fans befoin, fans plaifir; l'animalité seule agit dans l'homme ; heureux encore s'il n'en excédoit pas les bornes ! La privation d'un repas somptueux n'a jamais fait de mal à personne, & l'on s'est souvent repenti de s'y être livré avec excès. Un homme qui vit sobrement trouve dans ses repas une augmentation de forces, une source de vie; celui qui vit avec intempérance y trouve un affoiblissement qui s'augmente de jour en jour, & la source de sa destruction : l'un conserve après son repas un libre exercice de toutes ses facultés, l'autre devient incapable de tout; une digestion pénible & laborieuse surpasse souvent le degré de force qui reste à un homme rempli de bonne chere; son corps est dans un état d'impuissance & d'inertie qu'il n'est pas en son pouvoir de vaincre. L'inaction dans laquelle est l'ame, son inaptude à toute occupation sérieuse, l'oppression à laquelle elle est réduite, sont des preuves bien sensibles de la violence qu'elle éprouve. Ce ne sont, sans doute, pas là des avantages réels; les plaisirs de la table ne sont pas des plaisirs d'hommes; ils sont contraires au bien public & particulier, puisqu'ils

caufent la perte d'un grand nombre de perfonnes, & augmentent les miferes de tous
les hommes. Pourquoi defirerions-nous un
bien qui n'en a que le nom, & qui, loin de
nous conduire à la félicité, nous en affure la
privation?

Ce qui vient d'être dit des plaifirs de la
table convient cependant à la plupart des
hommes, chacun dans un degré différent;
le même aveuglement modifié les dirige
vers une même fin pernicieufe. Quelle honte
pour l'humanité, de voir l'homme s'avilir
ainfi à donner tous fes foins à la matiere,
defcendre jufqu'à la condition des bêtes, &
ne s'en diftinguer que par un déreglement
dont elles ne font pas fufceptibles! Quelle
honte de voir l'homme public, le pere du
peuple, uniquement occupé à flatter fes fens
par la délicateffe de fes mets, tandis que des
malheureux font retentir fes oreilles de leurs
cris, pour avoir un fimple morceau de pain
qu'on leur refufe avec dureté! quelle abo-
mination de voir des faints, ou plutôt les
fucceffeurs des faints, livrés aux plaifirs de
la table, tandis que le peuple gémit fous le

poids de l'indigence, & que des familles
entieres font défolées par l'impoffibilité de
fubvenir aux befoins les plus preffans de la
nature !

Le plaifir eft un des principaux mobiles
des actions de l'homme; tous n'y font pas
également adonnés, mais tous y font fenfibles & fe laiffent émouvoir dès qu'il fe préfente à eux; l'efpoir le plus léger, fouvent
fans fondement, & même fans apparence ni
réalité, fuffit pour nous entraîner. Un efprit
paffionné pour le jeu y fait confifter fa béa-
titude; c'eft le feul objet qu'il a en vue; il ne
connoît point de paffion plus honnête, de
plaifir plus fenfible : c'eft au jeu que fe rapportent toutes fes actions; il y cherche une
volupté qu'il croit ne pouvoir trouver ailleurs.
On voit peu de perfonnes qui ne regardent
le jeu que comme un amufement doux, & il
n'eft pas rare d'en voir qui en faffent leur unique occupation : perfonne cependant ne
goûte moins de plaifir que les joueurs; fui-
vons-les dans les différentes claffes qui les
diftinguent, & nous ferons bientôt convaincus que le jeu eft pour un grand nombre

d'hommes une source de peines, & qu'il doit être odieux à tous. Entrons d'abord dans ces maisons où l'honneur & la fortune des familles font un naufrage inévitable, nous verrons des hommes de toutes les conditions occupés à se détruire les uns les autres, bien décidés à ne pas se quitter que le plus grand nombre d'entr'eux ne soit ruiné jusqu'aux fondemens, & réduit à l'impossibilité de réparer ses dommages; il nous semblera voir des bêtes féroces s'entre-déchirer mutuellement, jusqu'à-ce que la rage des plus fortes ait sucé la derniere goute du sang des plus foibles; nous y verrons un pere de famille qui perd son bien, sacrifie son honneur à sa passion, dissipe sans modération une fortune nécessaire à ceux qui sont à sa charge, & qui, dans son défespoir, ira faire réjaillir ses maux sur des enfans dont les larmes innocentes ne lui reprochent que trop fortement ses excès; qui va devenir le tyran d'une épouse qui, en gémissant de ses défordres, ne partagera pas moins ses peines; nous y verrons un jeune homme qui faisoit toute l'efpérance de ses parens, & devoit en être l'appui,

perdre les moyens de fournir la carriere à
laquelle on le deſtinoit, perdre ce qu'il ne
poſſede pas encore, creuſer lui-même ſa foſſe
ſous ſes pieds, & s'enſévelir en quelque façon
avant d'avoir vécu; nous y verrons un particulier qui perd en un inſtant ce que la fortune avoit accordé à ſes longs & pénibles
travaux; un héritier auquel des parens éco-
nomes ont laiſſé un bien conſidérable, & qui
ne fait uſage de leur bienfaiſance qu'en en
perdant les fruits; un négociant qui riſque
ſes fonds, ſon crédit, & entraîne dans ſa
perte tous ceux qui l'ont aſſez peu connu
pour lui accorder leur confiance; un militaire qui diſſipe ſes revenus, les bienfaits du
roi, & ſe met dans la triſte néceſſité de quitter un état dont il ne peut plus ſoutenir les
frais; nous y verrons un ſeigneur qui devient
fermier de ſes propres vaſſaux, un bourgeois
obligé d'abandonner le ſéjour de la ville, &
d'aller faire lui-même ce qu'il faiſoit faire
par des domeſtiques; un bénéficier qui livre
à des eſcrocs le bien de l'égliſe & des pauvres; un noble qui perd juſqu'à ſon nom, &
jette un voile éternel ſur les exploits de ſes

ancêtres. De quelque côté en un mot que
nous jetions les yeux, nous verrons des
hommes malheureux, & des hommes qui
s'applaudissent d'avoir fait des malheureux :
le désespoir & la fureur sont peints sur les
visages du grand nombre ; l'air sombre &
morne est commun à tous. Si la fortune paroît en favoriser quelques-uns, ce n'est que
pour un tems ; l'instant de lueur dont ils
jouissent sera bientôt suivi d'une nuit obscure :
si elle éleve quelquefois un joueur, ce n'est
que pour l'exposer à une chute plus dangereuse ; ses coups les plus terribles sont souvent réservés à ceux qui en ont reçu les plus
grandes faveurs, & celui qui fait aujourd'hui
le malheur de sa partie, doit craindre que
bientôt après un autre ne le traite avec autant
de rigueur : tout joueur de profession est
malheureux, ou doit s'attendre à le devenir
un jour. Ce que je dis ici n'est pas l'invention
d'une imagination noire, qui n'apperçoit
les objets que sous des couleurs révoltantes,
& les présente sous une espece odieuse ; l'expérience journaliere en fournit des preuves
trop convaincantes ; il n'est personne qui

n'ait oui parler de ces hommes qui n'ont fait connoître le malheur de leur vie que par une fin encore plus trifte. Combien en eft-il qu'une perte trop fenfible a déterminé à finir des jours qu'elle devoit rendre à jamais malheureux? combien en eft-il à qui les revers de la fortune ont fait regarder la vie comme un opprobre, & la mort mille fois plus douce? n'a-t-on pas vu des maris abandonner leurs époufes, & leur laiffer en pareil cas le fardeau d'une famille, fans biens, fans fecours & fans efpoir? n'a-t-on pas vu des hommes qui auroient pu faire le bien public, obligés de fuir leur patrie, d'aller cacher leur honte, leur repentir, & dévorer leurs chagrins loin de la cendre de leurs peres? n'a-t-on pas vu un joueur malheureux, immoler fa femme & fes enfans dans l'excès de fon défefpoir? Combien d'hommes ne doivent leur malheur qu'au jeu, & dont les jours font empoifonnés pas les pertes qu'ils y ont faites? combien enfin de remords cuifans qui ne tirent leur fource que des fuites funeftes de la paffion du jeu? Tous ceux qui s'y livrent ne font pas égale-

ment expofés; on ne court pas les mémes
rifques dans toutes les affemblées que dans
celles qui font deftinées à la perte du genre-
humain; mais je n'avance rien de trop en
difant que le jeu, quelqu'il puiffe être, procure rarement du plaifir, & prefque toujours
de la peine. Ce nom de pur & fimple délaffement de l'efprit eft aujourd'hui inconnu;
on ne parle plus de fe récréer au jeu, mais
feulement de gagner ou de perdre; le jeu eft
devenu un commerce plutôt qu'un plaifir;
l'intérêt en eft le principe; l'exercice en eft
pénible, & l'iffue toujours pleine d'amertumes pour le grand nombre. Le jeu n'a rien
d'agréable pour celui qui perd fon argent;
& fi l'inftant du gain a quelque chofe de flatteur pour celui que la fortune favorife, fa
joie eft trop foible & trop courte; la crainte
de perdre eft commune à tous les joueurs;
perfonne ne voit avec plaifir paffer dans des
mains étrangeres ce qu'il expofe au jeu, &
comme le danger fubfifte toujours, un joueur
ne peut goûter un vrai plaifir. Envain vou-
droit-on introduire la modération dans le
jeu, l'intérêt que l'on y met eft relatif aux

moyens & à la paſſion du joueur; la perte eſt par conſéquent auſſi relative à ſa ſituation : le pauvre & le riche expoſent toujours dans un inſtant plus qu'ils ne poſſedent pour ce moment, & plus qu'ils ne peuvent acqué-rir dans le même tems; des pertes quelconques doivent donc être ſenſibles, & le jeu le plus modéré en apparence, eſt toujours accompagné de dangers, de craintes & de peines. Qu'un homme qui poſſede mille louis en expoſe cent, ou que celui qui n'a que mille francs en expoſe cent, le danger & la crainte ſont à peu près les mêmes, avec cette différence que celui qui a moins, quoi-qu'il riſque moins, ſouffre toujours beau-coup plus. Quand d'ailleurs il ſeroit poſſible de ſéparer du jeu l'intérêt, qui en eſt la baſe, on n'y trouveroit toujours qu'une manie ridicule, & des effets auſſi pernicieux à la ſociété qu'aux particuliers. Comment peut-on ſe faire une occupation ſérieuſe de tenir des morceaux de carton, & de les produire, afin de voir quelle a été la ſingularité du haſard dans la diſtribution de certains points dont ils ſont couverts? Voilà à quoi ſe terminent les jeux de hafard : les autres n'en different que très-peu ; une même méthode répétée autant de fois que l'on paffe d'inftans à cette occupation, en fait l'objet ; & parmi les jeux, les moins ridicules ne font pas le plus en ufage. L'exercice en eft également préjudiciable à l'efprit & au corps : un homme fortant du jeu eft prefque toujours dans une fituation violente, incompatible avec la joie du cœur ; fes facultés font abforbées, & il ne lui refte plus de qualité que celle de joueur : il faut, pour le travail de l'efprit & du corps, une liberté dont il n'eft pas fufceptible ; l'un & l'autre éprouvent un embarras qui les rend incapables de leurs fonctions naturelles. Tout le monde fait combien le jeu échauffe le fang, multiplie & aigrit les humeurs : il eft ordinairement fuivi d'un mal de tête, quelquefois léger, fouvent violent, d'une efpece de langueur & d'un affoibliffement général. Ses effets font plus fenfibles dans les perfonnes qui s'en font fait une paffion forte, une habitude infurmontable, un befoin, ou plutôt une néceffité : les excès, les veilles, les infomnies femblent ne leur rien coûter. Mais la nature ne souffre pas impunément; elle révendique tôt ou tard ses droits, & se venge des violences qu'on lui a faites.

Il est des hommes qui, par corruption ne peuvent faire du tems, un meilleur usage que de le perdre & dans qui loisiveté & l'inaction sont un bien; mais, ceux-là excepté; qui ès-ce qui n'est pas comptable devant les hommes du tems qu'il passe au jeu? Un pere de famille doit tous ses soins à ses enfans, s'il passe son tems à jouer, leur éducation est confiée à des maîtres intéressés, indulgens & imbus de mauvais principes, qui favorisent les passions de leurs éleves, leur transmettent des défauts, où les abandonnent à des domestiques ignorans & corrompus. Des dispositions heureuses demandoient un soin particulier, des inclinations peu réglées exigeoient un œil de pere, une assiduité scrupuleuse; mais la passion du jeu l'emporte, la terre la plus fertile ne produit que des ronces & des épines, le nom mêmes de vertu reste inconnu à celui qui étoit né pour être vertueux. Les vices naissent fe multiplient, s'accroiffent & fe fortifient dans celui qui n'y étoit que foiblement enclin. Le pere de tels enfans n'eft-il pas refponfable, & des vertus qu'ils n'ont pas acquifes & des vices qu'ils ont contractés? La fociété n'a-t-elle pas droit de fe plaindre de la perte d'un temps qui auroit du être employé à lui procurer un grand bien, & à prévenir les maux dont eft capable le vice fortifié par l'éducation?

Une femme paffionnée pour le jeu néglige tout pour fe fatisfaire, elle le regarde comme un délaffement qui convient à l'état de mere; fon mari n'en connoit pas le danger, il eft prêt, au contraire à y donner les mains. Les paffions font fortes dans le fexe le plus foible, une femme emploie tout pour fournir à fa partie, & tandis que madame joue d'une maniere, fa fille joue d'une autre; un damoifeau profite de la circonftance, l'honneur en fouffre, la mere fe défole de la honte qui réjaillit fur elle, mais elle fe garde bien de fe l'attribuer, elle continue de jouer, & fa fille de fe corrompre. Cette jeune perfonne eût confervé fa vertu, fi les occafions

de

de la perdre euffent été moins fréquentes
& moins favorables ; l'œil & les leçons
d'une mere adonnée toute entiere aux foins
de fa famille, ne lui euffent jamais permis
de céder à des impreffions odieufes, la vertu
l'auroit fait eftimer, elle auroit fait le bonheur d'un époux & le fien propre; elle fe
voit aucontraire forcée de fupporter pour
toujours l'opprobre de fa fituation, ou de
cacher fa honte en s'enfeveliffant dans un
cloître voilà l'ouvrage d'une mere paffionnée pour le jeu.

Un militaire fe doit tout entier à fa patrie, il a promis une fidélité inviolable à
fon prince, il a pris des engagemens avec
l'état, & fon ferment l'oblige à répandre
fon fang pour l'un & pour l'autre. Il doit
favoir vaincre à l'attaque, tout comme à
la défence; la fcience de fon état demande
de lui une application foutenue, elle exige
tous fes foins, elle doit être fa principale
occupation. C'eft pendant la paix qu'il faut
acquerir les vertus guerrieres, on ne doit
pas les attendre, au moment du combat,
quand on ne s'y eft pas exercé auparavant;

D

l'ignorance & la foibleſſe ſuivent par tout celui qui a négligé la force & la ſcience. Une inclination, même foible, pour le jeu ſuffit pour rendre un militaire parjure & lui faire violer les loix ſacrées de l'honneur. Il eſt certains penchans qui quoique inſenſibles dans leur naiſſance ne ſont pas moins dangereux & deviennent inſurmontables pour peu qu'on les favoriſe : une perte ou un gain d'une certaine importance ſuffiſent pour rendre paſſionné du jeu tel qui y étoit indifférent auparavant. Combien de batailles perdues, qui auroient été gagnées, ſi les généraux & les officiers chargés du commandement euſſent employé à s'inſtruire des régles de leur état, toutes les heures pendant leſquelles ils ont joué! Combien le jeu n'a-t-il pas excité de querelles qui n'ont pu ſe terminer que par l'effuſion criminelle du ſang des plus braves guerriers & des plus fermes appuis de l'état! Combien de circonſtances où l'amour du jeu l'a emporté ſur le devoir!

Un homme de loix ne peut acquérir aſſez de connoiſſances; ſa vie entiere ſuffiroit à

peine pour qu'il apprit tout ce qui eſt relatif à ſes fonctions ; cependant n'en eſt-il
point qui jouent tout les jours ? eſt-ce là
une occupation pour ceux qui tiennent la
balance de la juſtice & qui ſont chargés
des intéréts d'un peuple entier ? Ceux qui
doivent décider des droits reſpectifs de tous
les ſujets d'un état, peuvent-ils ainſi perdre
un tems précieux à ceux qui attendent d'eux
des lumieres profondes, des connoiſſances
certaines des jugemens conformes à toutes
les regles de l'équité ? Combien de mauvais
conſeils qui ont eu les ſuites les plus fâ-
cheuſes ! Combien de jugemens iniques qui
ont fait autant de victimes, parce que ceux
qui devoient être livrés à l'étude des loix
étoient livrés au jeu ſans réſerve !

C'eſt un ſpectacle bien frappant & tout-
à la fois bien commun que de voir les
chefs de l'égliſe ; les miniſtres des autels,
les médiateurs entre le ciel & la terre, des
hommes conſacrés au ſanctuaire, négliger le
miniſtere le plus important pour ſe livrer
au jeu & y ſacrifier le bien des pauvres qui
leur eſt confié. Que de momens précieux

au falut des ames, ce penchant n'a-t-il
point abforbé? Que de retardemens malheureux n'a-t-il pas occafionnés, & que
deviendront ceux qui en font coupables,
fi Dieu punit le crime honteux du prêtre
joueur, qui a refufé ou donné trop tard au
fidele, les fecours confolans dont il avoit
befoin pour quitter la vie avec moins d'a-
mertume!

Le jeu eft prefque toujours lié avec le
crime, il eft contraire au bien public &
au bien particulier; il procure rarement du
plaifir, très-fouvent de l'ennui, il fait des
malheureux & il eft pour l'ordinaire accompagné de peines & de dangers.

L'homme a des inclinations droites, ce
qui eft fondé dans fa nature ne peut avoir
que le bien pour objet; la poffeffion en eft
flatteufe, elle eft utile; mais les préjugés
femblent avoir entiérement bouleverfé l'ordre des chofes. La converfation avec les
hommes n'a plus que le feul nom de plaifir; fes avantages n'exiftent plus, elle eft
au moins indifférente & inutile. Les douceurs de la fociété, n'ont lieu que dans

l'état de poſſibilité ; elles ſont reſtraintes à des uſages ennuyeux, à des cérémonies fatigantes ; la diſſimulation & le menſonge en ſont les régles fondamentales ; l'uſage a voulu que dans certaines circonſtances l'on ſe fit quelques honnêtetés qu'on nomme viſites ; qu'eſt-ce qui s'y paſſe ? On s'accueille ſans ſe connoître ; on converſe en baillant, ou l'on ne ſe dit mot, enfin l'on ſe quitte comme on s'eſt reçu & avec plus de plaiſir. Les ſociétés qui paroiſſent les moins ridicules ne different des autres que par un plus grand mal ; on y porte ou une licence dangereuſe ou l'ennui le plus accablant. Combien de perſonnes qui ne ſe verroient jamais ſans la table & le jeu ? il n'y a dans les entretiens, ni liberté, ni franchiſe, ni ſimplicité. On ne s'y occupe que de bagatelles ou de méchanceté. Une coëffe, un ruban d'un nouveau goût, occupent tout le ſexe d'une ville ; une ſatyre mordante, qui n'épargne perſonne en fait rire tous les beaux eſprits. Les jeunes gens parlent de leurs intrigues, les vieillards racontent ſans ceſſe, & ſans ceſſe ils ennuyent ; l'avare parle d'argent; le riche de ses passions, le noble de ses titres; le superbe cherche à s'exalter, le petit-maître à plaire; chacun suit son caractere particulier, mais le penchant de l'un est souvent opposé à celui de l'autre; un grand parleur casse la tête à tout le monde, deux ensemble se maudissent réciproquement. Presque tous les hommes ne trouvent dans les compagnies que de l'humiliation ou de l'ennui & en sortent aussi mécontens qu'on l'a été d'eux mêmes. Si la société prise dans ce sens a quelques agrémens, ce n'est que pour des esprits superficiels, qu'une gazette occupe, qu'un mot vuide de sens divertis. Les matieres vraiment intéressantes sont bannies des conversations, on ne peut y puiser ni instructions ni plaisirs; il suffit que quelqu'un parle raison pour que tout le monde le fuye. Certaines personnes se voyent par intérêt, d'autres aussi à charge à elles-mêmes qu'à celles qu'elles fréquentent, ne peuvent vivre seules & cherchent vainement à dissiper un ennui qui les suivra toujours. L'inaptitude à tout genre d'étude, le dégoût du travail font le prin-

cipe & quelquefois les fruits du grand empreſſement que l'on a pour les compagnies.
Ce qui n'a aucun prix, eſt-il donc eſtimable? peut-on aimer ce qui ne procure ni avantages, ni plaiſirs? Peut-on rechercher ce qui n'a pas même l'apparence
du bien, & faire conſiſter ſon bonheur
dans la choſe du monde qui eſt la moins
faite pour affecter agréablement notre ame?

La beauté fait impreſſion ſur nous; un
objet qui nous flatte excite nos deſirs; il
en eſt auxquels nous ſommes naturellement
portés, tels que ceux qui nous font rechercher le commerce des femmes. Je ne
traiterai point, à ce ſujet, des paſſions bru-
tales qui aviliſſent l'homme & le précipi-
tent dans des horreurs qu'on ne voit pas
dans la plus vile créature; je rougirois de
tracer des abominations qui dégradent l'humanité; ceux qui ont franchi les bornes
de la nature, ſont au-deſſous des bêtes;
je n'écris que de l'homme & pour l'homme.

Dieu, en créant nos premiers peres, leur
inſpira un amour mutuel, qui dût être la
ſource des plaiſirs qu'ils devoient goûter

enfemble ; c'eft à ce fentiment que nous fommes redevables de notre exiftence , il nous
a été tranfmis ; la beauté à des droits fur
nos cœurs , & nous reconnoiffons les graces
qui l'accompagnent pour être l'ouvrage bienfaifant du créateur. L'amour qu'elles nous
infpirent eft naturel, mais ileft fou mis à des
regles qu'il eft en notre pouvoir de fuivre
& dont il n'eft que trop facile de s'écarter.
Un attachement, un defir raifonnable pouvoient contribuer à notre bonheur ; l'amour
devoit être un fentiment doux, il eft une
paffion forte qui nous porte à des excès,
qui ne fouffre ni frein, ni modération ; &
dont les fuites font également préjudiciables à l'homme & à la fociété. Celui qui
a donné entrée dans fon cœur, aux mouvemens déréglés de la chair, employe tout
pour féduire la vertu fragile, & croit appercevoir le bonheur dans la jouiffance du
plaifir qu'il s'eft promis. Réuffit-il jamais,
& le voluptueux n'eft-il pas toujours le
plus malheureux des hommes ? efclave de
fon penchant, il en eft tyrannifé ; fa détermination au libertinage augmente à cha-

que inftans fa peine ; fa vie eft un tourment prefque continuel qui s'accroît à proportion de l'ardeur de fes defirs & des obftacles qu'il rencontre. Toutes fes penfées
fe dirigent vers l'objet qui le captive, il
eft le principe & la fin de toutes fes actions ; tout ce qui ne le conduit pas à fon
but lui déplait , tout ce qui l'en éloigne,
l'irrite fortement. Eft-il une fituation plus
pénible que de rechercher à chaque inftant ce que l'on ne peut prefque jamais obtenir & d'éprouver fans ceffe une nouvelle
ardeur pour un objet qui nous échappe
toujours ? une fimple rencontre , un mot,
une idée, quelquefois moins , fuffifent pour
féduire un cœur innocent, & troubler une
ame foible, mais il n'eft pas fi facile de parvenir à fes fins que de fe laiffer furprendre,
& celui qui cede aux premieres impreffion
devroit leur réfifter ou s'attendre à des maux
qui ne feront jamais compenfés par les
plaifirs qu'il efpere. Rien n'eft fi pénible
qu'un amour exceffif? Combien de démarches ne faut-il pas pour le couronner ?
Combien de fois ne s'abufe-t-on point ?

Quel embarras n'éprouve-t-on pas pour faire connoître fa paffion ? A quel défef- poir n'eft pas expofé celui qui fe voit re- buté aux premiers abords ? Le mépris qui eft toujours outrageant, l'eft bien plus lors qu'il vient de ce qu'on aime. Si d'autre part, on n'effuie pas ces rigueurs qui ac- cablent & déconcertent, on n'en eft que plus furement plongé dans l'abyme ; une premiere faveur eft une nouvelle chaîne qui augmente notre captivité, nos defirs & nous fait mieux fentir les défagrémens d'une paffion qui n'eft jamais fatisfaite. Quelques complaifances nous ont bientôt féduit, on ofe tout efpérer parce que l'on defire tout : quelle peine lorfque cet ef- poir vient à s'évanouir ! Il femble que cha- que inftant doive nous élever à un plus haut degré de bonheur, mais la maitreffe la moins cruelle eft néceffairement la plus dangereufe ; elle paroît fe rendre à nos de- firs tandis qu'elle ne fait que nous en don- ner de nouveaux & les multiplier enfuite affez pour ne pouvoir jamais les fatisfaire réellement. Une lettre trop attendue, un

manquement de parole, une entrevue difffé-
rée ou refufée fuffifent pour mettre un amant
au défefpoir. Tout ce qui n'eft pas faveur,
fuivant lui, tire fa fource de l'indifférence, un
refus eft un mépris qui l'accable : que fera-
ce donc s'il eft traverfé par des rivaux ? Le
foupçon d'infidélité pourra-t-il ne pas faire
fon tourment ? Il n'eft point d'état plus
trifte que celui d'une ame livrée aux horreurs de la jaloufie : la crainte, le défefpoir, la témérité, la haine, la vengeance, la
fureur, toutes les paffions fe réuniffent à la
principale pour augmenter le trouble &
la peine; on en fent alors le poids, & dans
l'excès de la douleur, l'on convient qu'on
eft réellement malheureux. La confidération des dangers attachés à l'amour fem-
bleroit devoir en éloigner ceux qui y ont
bien penfé, mais leurs chaînes font trop
fortes, leurs cœurs refteront les mêmes &
leur ame continuera à être agitée par la
peine & l'oppreffion. On convient qu'il eft
des momens de plaifir capable de faire
oublier les maux paffés, mais qu'ils font
courts & rares ! Comment peut-on fe ré-

foudre à gémir, à s'ouffrir pour un feul
inftant d'ivreffe ? Un bien qu'il faut acheter par tant de maux, ne perd-t-il pas
fon prix ? Quelques momens de relache
dédomagent - ils d'une gêne continuelle ?
Pour être malheureux, ne fuffit-il pas d'é-
prouver des peines ? Je n'ai point exagéré
celles de l'amour défordonné, elles font
quelquefois plus grandes encore, & fi elles
peuvent paroître légeres, c'eft toujours
dans un degré inaliable avec la paix du
cœur, avec cette douce félicité que la moindre altération fait difparoître. Cet amour
défordonné eft encore plus dangereux dans
fes fuites, qu'il n'eft pénible à foutenir,
il entraîne après lui la ruine & l'opprobre des familles ; la perte du temps, l'a-
brutiffement de l'efprit, le dépériffement
de la fanté en font les effets néceffaires. Il
eft la fource de la négligence & de l'inuti-
lité des talens, il contribue à la décadence
des arts & à la dépopulation. Qu'un mari
ait une paffion de ce genre, qu'il la nour-
riffe & la favorife, il ne verra plus fon
époufe avec les yeux de l'amour conjugal,

il ne lui témoignera plus cette tendreſſe
qui faiſoit leur bonheur commun , tout en
elle lui déplaira , ſes careſſes mêmes l'of-
fenſeront , l'étrangere ſeule l'occupera &
il ne réſervera à ſon épouſe légitime que de
mauvaiſes façons qui réjailliront peut-être
encore ſur les enfans qu'il en a eus. L'éducation de ceux-ci ſera négligée, il leur
refuſera la ſatisfaction des beſoins les plus
preſſans ; ſéparé de ce qu'il aime , forcé
de vivre avec ce qu'il hait, il ſera toujours
dans la contrainte, & ſe livrera , ſans doute,
à toutes ſortes d'excès. Qu'arrivera-t-il
encore , ſi c'eſt une femme jalouſe qui eſt
inſtruite des déſordres de ſon mari ? Il n'eſt
point de vengaences dont elle ne ſeroit capable ; elle lui reprochera publiquement ſon
crime & contribuera autant que lui à ſouf-
fler entr'eux , le feu de la déſunion. La
honte de ſe voir mépriſée rendra ſa haine
implacable , & la préférence accordée à
ſa rivale , l'augmentera à chaque inſtant:
le crime ſera un foible adouciſſement à ſa
peine ; les propos injurieux ſeront les ſeuls
qui ſortiront de ſa bouche ; elle diſſipera

le bien dont elle partage l'adminiſtration &
négligera tous ſes ſoins domeſtiques. Son
imagination lui repréſentera ſans ceſſe ſon
mari dans les bras d'une autre femme,
elle ne diſſimulera plus les ſentimens de
haine & de jalouſie dont elle eſt dévorée,
& enfin; ou elle vivra, ou elle mourra la
plus malheureuſe de toutes les femmes.

Quel chagrin pour une famille honnête,
de voir une fille ſurpriſe par un vil ſéduc-
teur! Quelle honte couvre celle qui a été
aſſez foible pour céder à ſon penchant
& renoncer à ſon honneur en perdant ſa
vertu! On connoîtra ſa foibleſſe, le mépris
qu'on lui portera, ſera peint ſur les
viſages, on ne craindra plus de bleſſer en
ſa préſence une vertu dont elle n'a fait
aucun cas; par-tout elle entendra dire, la
voilà.... c'eſt elle.... peut-on concevoir
un affront plus ſenſible & une ſituation plus
humiliante? eſt-il un plaiſir qui coute plus
de regrets? N'eſt-il pas plutôt à fuir qu'à
rechercher?

On ſe glorifie de ce qui eſt opprobre,
de ce qui eſt vraiment un crime. Les jeu-

nes gens fe vantent de leurs conquêtes, ils publient leurs intrigues, ils regardent l'u-fage des femmes comme convenable à leur âge, & le moins criminel d'entr'eux, paffe pour être le plus fot. Ils ne mettent aucun frein à leur paffion, ils s'y livrent tout en-tier, fans modération & fans mefure; le libertinage eft porté au plus haut période; il n'eft rien en ce genre qui ne foit foumis aux yeux: on ne prévoit ni dangers ni fui-tes facheufes, & quand on les connoîtroit, on ne s'arrêteroit pas à ce qu'elles ont d'af-freux; le plaifir eft toujours le feul but propofé, tous les moyens paroiffent pro-pres à y conduire, on y court fans crainte, on s'y livre fans réflexion & la fougue de l'âge l'emporte fur-tout. Que réfulte-t-il de cet excès d'aveuglement? Il n'eft pas de jeune homme que fa famille n'ait deftiné à quelque fin particuliere; en conféquence il n'en eft point qui n'ait quelques occupa-tions, quelques devoirs à remplir: une paf-fion dominante y eft néceffairement un obf-tacle infurmontable. Le cœur & l'efprit ont entr'eux un rapport fi intime qu'un même

objet les occupe toujours en même tems;
on pense à ce que l'on aime & l'on est
incapable de tout espece de travail qui n'y
ait pas rapport. L'oisiveté est donc le partage du voluptueux, toutes ses facultés sont
dirigées vers l'objet de sa passion; ainsi
celui qui, né avec des dispositions heureuses, auroit pu briller & faire des progrés
dans tel ou tel genre, perd le fruit des
dons de la nature & se trouve réduit à la
derniere classe des hommes. Son esprit retenu dans une sphere trop étroite ne peut
se développer, les barrieres qui l'arrêtent
deviennent impénétrables, il n'est plus capable de rien. La nature se plait, il est vrai,
à favoriser certains individus d'une maniere surprenante, mais elle a toujours besoin des secours d'une correspondance de
la part de celui qu'elle a comblé de ses
dons; il faut la seconder, si on la laisse
agir seule, elle est impuissante; n'avoir point
de talens, ou n'avoir pas cultivé ceux qu'on
a reçus, font une même chose. Nous voyons
tous les jours des jeunes gens qui, avant
l'effervescence des passions, avoient donné

les

les plus belles efpérances qu'ils ont bientôt démenties, fans reffources de réparation pour l'avenir. On a plus rien a attendre d'un efprit qui a croupi dans l'inertie, fes facultés font annullées, font devenues s'emblables à un feu qui ayant été concentré, s'eft confumé fans chaleur & fans éclat, & dont il n'eft plus refté enfuite qu'une cendre froide incapable d'aucune nouvelle inflammation.

La paffion que je dépeins, fait dans le cœur d'un voluptueux des changemens non moins effrayans que ceux qu'il a éprouvés dans fon efprit. On voit avec plaifir dans un jeune homme des manieres douces & polies, un cœur bienfaifant, un ame généreufe, une humeur enjouée, un caractere docile, une difpofition générale à faire le bien & à fuir le mal. Sa fimplicité, fa candeur, fa franchife le font aimer de tous ceux qui le connoiffent; la pudeur aimable, la réferve fans auftérité impriment du refpect : également chéri de fes amis & de fes proches, notre jeune homme ne doit les fentimens qu'on lui prodigue qu'aux vertus dont il eſt orné, ſon cœur plein de droiture eſt incapable de crime, il ne peut le ſoupçonner dans les autres; ſa modération naturelle ne lui permet pas de ſe plaindre d'une injure; patient ſans foibleſſe, ferme ſans opiniâtreté, humble ſans baſſeſſe, grand ſans orgueil; il reçoit avec reconnoiſſance tous les bons conſeils que l'on lui donne; docile aux leçons de ſes maîtres, ſoumis aux volontés de ſes parens, il eſt l'objet des complaiſances des uns & des autres; il ne flatte perſonne & il plait à tout le monde; heureux s'il pouvoit ſe conſerver long-tems dans cet état! mais tout-à-coup les paſſions s'alument en lui, il eſt entraîné vers des objets qui lui paroiſſent pleins de charmes, il cede à leurs impreſſions, la beauté le frappe, il en eſt ſéduit, il forme des vœux pour elle, & ne tarde pas à être ſubjugué par des attraits trompeurs. Ses deſirs s'excitent, une foible réſiſtance en augmente la vivacité, enfin il ſe détermine à donner un libre cours à des inclinations qu'il croit légitimes. Dans ſa ſécurité il ſe promet des douceurs inexprimables, & marche tranquillement dans les fentiers de la corruption. Toutes fes belles qualités difparoiffent & fe terminent à l'objet qui le captive : animé par l'ardeur de fes defirs, il devient hardi, entreprenant, téméraire ; il emploie tout pour fe fatisfaire ; le crime qui conduit au crime paroît moins révoltant ; embaraffé par les obftacles, la duplicité, le menfonge & la trahifon deviennent fon partage ; cette pudeur qui lui faifoit éviter jufqu'aux paroles les moins fufpectes, a fait place au vice contraire ; fon cœur eft plein de fentimens impurs, & l'on voit fur fes levres ce qui faifoit autrefois horreur à fon ame. Il garde peut-être encore des mefures dans quelques circonftances, mais ce n'eft plus que par diffimulation & par hypocrifie ; les feuls amis qu'il a confervés font les compagnons de fes défordres ; ceux que la vertu lui avoit gagné, le haïffent & lui font devenus odieux ; déterminé au crime, il ne fait cas que de ce qui peut l'y conduire. Les confeils de fes parens, les leçons de fes maîtres l'importunent, il ne regarde

E ij

plus l'obéiſſance que comme un eſclavage.
Toujours mécontent & contrarié dans ſes
inclinations, ſon humeur eſt bizarre, ce
qui lui déplait le révolte, la gêne l'irrite,
l'injure le déconcerte, c'eſt un animal in-
domptable, luttant ſans ceſſe avec le frein
qui l'empêche de ſe livrer à la fougue qui
l'anime ; la paſſion a banni tous les ſentimens de ſon cœur & c'eſt peu de dire
qu'elle l'a rendu méconnoiſſable.

Quelle horreur cette même paſſion ne
nous inſpirera-t-elle pas ſi nous la trou-
vons dans un miniſtre des autels ! La religion n'aura rien d'aſſez ſacré pour le retenir : l'abus des ſacremens ſera pour lui
un moyen auſſi commun que facile ; le tribunal de la confeſſion ſera ſon lieu d'intrigue ; les pratiques de piété ſeront des voi-
les dont il couvrira ſes débauches ; ſa corruption entrainera celle des perſonnes dont
la direction lui eſt confiée, & les ſcandales
honteux ſeront des barrieres trop foibles
pour retentir un ſacrilelege à qui l'exercice
de ſes fonctions auguſte n'aura pàs aſſez
fortement reproché ſes crimes.

L'espoir & la sécurité des peuples sont fondé sur l'observation des loix; le violateur qui les enfreins, & le magistrat qui le tolere sont également prévaricateurs. Qu'un juge néglige ses devoirs, il se rendra coupable envers tout ce qui est homme, il aura fait tout ce qui aura dépendu de lui pour la destruction des états; il aura manqué en même tems au prince & aux sujets. Mais dira-t-on, comment des suites aussi funestes ont-elles pu ne pas l'arrêter? C'étoit un impudique, un juge inique & corrompu; les droits de la passion lui ont paru plus forts que les droits de la justice, un objet aimé lui a fait sacrifier son honneur & ses devoirs.

Un militaire voluptueux n'est-il pas efféminé? n'est-il pas quelquefois un lâche? son zele pour les intérets de sa patrie égale-t-il l'amour qu'il a pour sa maîtresse? un cœur trop épris n'est-il pas un cœur foible? trouvera-t-on jamais en lui cette fermeté inébranlable, ce courage intrépide, cette générosité, & cette bravoure qui font le caractere des vrais guerriers?

Une paffion jaloufe, un foupçon d'infidélité, un mot hafardé fur une femme, le
feront marcher à une mort prefque certaine ; courreroit-il de fang froid, les mêmes
rifques pour le falut de fa patrie ?

Il n'eft point de plus grand malheur pour
un état que d'avoir un prince efclave de
fon penchant pour le fexe. Une maitreffe
eft plus puiffante qu'une reine ; le fort des
fujets dépend du caprice d'une femme.
Quel a pu être le gouvernement dans des
tems de moleffe & de débauche ?-Les par-
tifans du crime partageoient l'adminiftration des affaires ; les places les plus importantes étoient confiées à ceux qui en
étoient le moins dignes ; le mérite étoit
privé de récompenfes, elles étoient réfer-
vées à l'adulation & à la baffeffe ; le trône
de la majefté royale étoit le trône du vice
même & l'état fans chef étoit foumis à la
honte perfonnifiée dans une créature vile.

Tout le monde fait ce que l'églife a fouf-
fert dans ces fiecles où l'on voyoit la chaire
de St. Pierre partagée par d'indignes con-
cubines ; des mains fouillées d'impuretés

ouvroient le ciel; un pontife effeminé re-préfentoit un dieu fur la terre; la prêtreffe de Cythere, ornée de la thiare, occupoit la place du prince des Apôtres. Les crimes les plus honteux étoient alliés à la fainteté par excellence, le vatican étoit changé en férail, une femme débauchée gouvernoit l'églife univerfelle.

Quelle plus grande corruption pourroit-on concevoir! quelle paffion entraîne après elle des événemens auffi malheureux! il n'eft point de biens qu'elle ne détruife, point de maux qu'elle n'occafionne; elle éteint toutes les vertus & enfante tous les vices, elle fait méprifer l'honneur, elle eft la fource de tous les crimes. Ses effets font également funeftes au cœur & à l'efprit, elle fait de la vie un tourment; mais ce n'eft pas tout; elle ne fe borne qu'à notre perte abfolue, elle nous précipite dans le tombeau.

La mort eft un état plein d'horreurs, qui révolte la nature; fon appareil eft effrayant, fes fuites font terribles, ou au moins incertaines. La fermeté d'une grande ame peut la braver dans quelques circonstances, mais ce doit toujours être comme le plus grand de tous les maux. Nous craignons tous la mort; la vie est un bien pour les malheureux mêmes, les efforts que nous faisons pour la conserver, prouvent qu'il est doux à l'homme d'exister : si la vie est le premier des biens , la santé est le second, sa privation rend l'homme incapable de plaisir; un malade sacrifieroit tout pour recouvrer sa santé; cependant l'impudique, contre tous les sentimens naturels, méprise insensément l'un & l'autre de ces biens, il court rapidement à la maladie & à la mort, il accumule sur lui toutes les infirmités & creuse lui-même le tombeau qui doit l'engloutir. Combien d'exemples démontrent cette fatale vérité ! à quoi doit on attribuer cette foiblesse de tempérament si commune & presque générale, si ce n'est à l'épuisement des forces perdues dans le libertinage ? Pourquoi tant de maladies font-elles devenues le partage de l'homme ? Pourquoi la force ne se trouve-t-elle plus dans l'âge fort ? Un visage de vingt-cinq ans en annonce un de quarante, & l'on eſt vieux étant encore enfant. Combien en eſt-il qui apportent le germe du venin en naiſſant! & que deviendront ces malheureux en accumulant foibleſſe ſur foibleſſe & en ajoutant corruption à corruption? Il eſt des mariages dont il ne réſulte point de fruits: qu'elle en eſt la cauſe, ſi non le libertinage qui a précédé l'union des époux? Des principes directement oppoſés aux premieres fins de la ſociété conjugale, peuvent, il eſt vrai, contribuer à ce défaut; mais le cas d'impuiſſance accidentelle n'eſt pas rare, les déréglemens que j'ai peints en ſont ſouvent la ſource, & les excès qui ne ſont pas un obſtacle à la validité de cette union, peuvent l'être à la génération. Combien d'hommes rejettent l'état du mariage, comme propre à gêner les paſſions qu'ils veulent ſatisfaire! Combien qui prendroient des engagemens légitimes, s'ils n'étoient pas décidés à y ſuppléer par des criminels! La dépopulation eſt donc vraiment une ſuite de la paſſion honteuſe que je m'efforce de dé-

truire. Eſt-il rien de ſi contraire au bonheur de l'homme qu'un plaiſir qui l'avilit dans
tout ſon être? Eſt-il rien de ſi pernicieux
à la ſociété qu'un penchant qui tend à la
deſtruction de ſes membres? Quel aveuglement de ſe laiſſer ſéduire par des biens
qui n'en ont que l'apparence, & de ſe livrer ſans réſerve à des plaiſirs ſans réalité!
Qu'elle erreur plus groſſiere & plus dangereuſe que celle de courrir à ſa perte &
de faire ſon malheur en travaillant à ſa félicité.

Je crois avoir découvert les cauſes des
troubles qui agitent l'homme: le trop grand
amour des richeſſes, des honneurs & des
plaiſirs du monde ſont les ſources des peines
qu'on y éprouve. Celui qui ſaura en reconnoître le danger, ſe prémunira contre des
écueils où il feroit un naufrage inévitable.
Les attachemens déreglés, les deſirs exceſ-
ſifs, les paſſions fortes, les mouvemens
violens & aveuglés n'auront aucun accès
dans ſon ame; ſon eſprit éclairé dirigera ſon
cœur dans les ſentiers de la douceur & de
la vérité; l'amour de lui-même, l'amour des

hommes lui affureront une félicité infiniment fupérieure à tout ce que les préjugés
pourroient lui offrir : il aura appris l'art d'ê-
tre heureux.

Combattre les inclinations de l'homme,
le forcer de renoncer à des plaifirs qui le
flattent, lui perfuader que tout ce qu'il aime
ne mérite que fon mépris, lui montrer que
tout en lui n'eft qu'erreur & menfonge, eft
une entreprife qui m'a paru difficile, & que
tout le monde jugera fans doute téméraire.
Celui qui veut prouver que l'on trouve
la peine dans le plaifir même, paffera
pour original, & trop fingulier. Le préjugé dévoilé & forcé jufques dans fes
derniers retranchemens, s'élevera contre
moi ; il répandra un voile épais fur la lumiere
qui doit le détruire. L'homme aveuglé fur
les principes ne reconnoîtra pas la légitimité
des conféquences ; la vérité incompatible
avec l'erreur fera rejetée par tous ceux que
le menfonge a féduits. Une conduite qui
femble flatter fe change difficilement ; chacun fe feindra des motifs prépondérans à
ceux que j'ai expofés. Le fanatique qui ne

connoît que l'écorce de la religion, & ne
fait pas accorder la raifon avec la théologie,
me dira que l'homme doit être malheureux
en ce monde ; il m'accufera de vouloir détruire cet efprit de pénitence qui cherche à
faire autant de martyrs qu'il y a de chrétiens ;
d'autres me blâmeront de peindre l'homme
fous des couleurs honteufes, de perfonnifier les crimes dans toutes les conditions,
& de ne point épargner même celles dans
lefquelles on ne doit pas le foupçonner :
l'avare renoncera plutôt à fa raifon qu'à fes
richeffes ; l'ambitieux croira que j'aurai voulu
faire de lui un homme fans fentimens & fans
honneur ; le voluptueux me demandera en
quoi je fais confifter le bonheur de l'homme, fi je fépare de lui les agrémens de la
vie que tout le monde recherche avec empreffement : on dira peut-être que je fépare
l'homme de l'homme, & que je porte atteinte
au bien de la fociété. Ces objections ne font
que de groffieres erreurs ; comment ferois-je
embarraffé pour les réfoudre ?

Rendre l'homme heureux, ce n'eft pas le
fouftraire à l'état où le ciel l'a placé. Sa

nature eſt inférieure à celle de Dieu ; ſes facultés ſont limitées en tout genre; les biens qui lui ſont propres ſont limités auſſi ; le bonheur dont il eſt capable eſt relatif à ſa ſituation ; il eſt néceſſairement imparfait. Suivant l'écriture, la vie de l'homme eſt un tiſſu de miſeres ; j'en conviens : mais ces miſeres ne ſont pas toutes attachées à ſa nature ; nous ſommes mortels & nous deſirons l'immortalité : ce deſir ne peut-il donc pas être raiſonnable ? & s'il l'eſt, pourra-t-il nous troubler ? La mort n'a rien d'affreux pour une ame que le crime n'a point ſouillée. Eſt-ce une foibleſſe néceſſaire que de s'attacher à des biens qui n'en ont que le nom ? & celui qui a dégoûté l'homme de tout ce qui pourroit altérer la paix de ſon cœur, a-t-il changé quelque choſe à ſa conſtitution ? n'eſt-ce pas ſeulement à ſa corruption qu'il a fait un changement ? Diminuer les peines de l'homme, c'eſt diminuer ſon malheur ; il ſera vraiment heureux lorſqu'il ne deſirera rien qui ne ſoit conforme aux volontés de ſon Créateur. La fuite des plaiſirs du monde n'a rien de contraire à l'eſprit de pénitence :

la mortification eſt le meilleur moyen de remplir ſes devoirs; & ſi elle eſt pénible, c'eſt pour celui qui, trompé par de fauſſes apparences, regarde comme un bien réel ce qu'il eſt obligé de fuir comme un mal. Sans contredit, il eſt doux de pratiquer la vertu; & la paix du cœur ne peut être incompatible avec l'état préſent de l'homme. Pour mériter les faveurs du ciel, il n'eſt pas néceſſaire de ſouffrir en faiſant le bien : le meilleur pénitent eſt celui qui a ſu régler ſon intérieur ſuivant les principes de la raiſon, & conformément aux lumieres qu'il a reçus de la nature.

Traiter des vices de l'homme, ce n'eſt pas le dégrader; la faculté de faire librement le bien, emporte néceſſairement celle de faire librement le mal; dévoiler le crime quand il exiſte ou a exiſté, n'eſt pas faire injure à l'humanité; c'eſt même remplir un devoir, quand le bonheur des hommes y eſt intéreſſé. J'ai mis au jour les déſordres qui ſe commettent dans toutes les conditions, parce que dans toutes, il y a eu des méchans, & qu'il peut y en avoir encore.

L'état d'un homme ne le fouftrait pas aux préjugés & aux foibleffes : le prince accompli eft bien plus grand lorfqu'il eft mis en parallele avec le tyran barbare. Plus un homme eft élevé, moins il doit craindre d'entendre la vérité. Ce n'eft pas attaquer la perfonne, que de peindre le vice qu'elle doit fuir; celui qui n'eft pas fouillé de crime ne peut & ne doit point s'appliquer ce qu'il a de honteux, & celui qui eft corrompu n'a pas le droit de fe plaindre, lorfqu'on dévoile la corruption à laquelle il eft livré. Si le vicieux ne peut partager les éloges qu'on donne à la vertu, pourquoi l'homme vertueux s'adapteroit-il les déclamations que l'on fait contre le vice? Le faint prêtre ne peut s'offenfer lorfqu'on démafque le prêtre hypocrite & débauché : l'écriture ne nous a pas caché le crime d'un apôtre prévaricateur. Judas étoit évêque; il y eft peint comme un fcélerat, un déicide. Je ne foupçonne perfonne d'être femblable à lui parmi les miniftres de l'églife; mais fi je connoiffois un Judas entre les évêques, je me croirois obligé de le faire connoître, afin d'infpirer

de l'horreur pour ses crimes à ceux qui par-
tageroient avec lui le ministere de l'apostolat.
Les saints apôtres n'ont pas été humiliés
par la chûte de l'un d'entr'eux, quoiqu'elle
fut manifeste ; pourquoi un prélat respectable s'offenseroit-il de ce qu'on blâme les
déréglemens d'un prélat qui se fait mépriser?

Après avoir prouvé que les richesses sont
à l'homme une source de peines, le mépris
que l'on doit en avoir est reconnu raisonnable ; la vérité qui l'établit ne doit plus
être réduite en problême. De simples réflexions philosophiques ne suffisent cependant
pas pour anéantir le préjugé qui nous attache aux biens de la fortune : quand il s'agit
de combattre des habitudes flatteuses , la
raison est bien foible ; mais quel est le riche ,
même insensé, qui ne puisse convenir que
s'il possede des biens , il doit en faire un bon
usage ; que si le hasard l'en prive, pourvu
qu'il lui reste un nécessaire strict, il ne doit
pas s'affliger de la privation d'une chose qui
lui étoit superflue, d'une chose vile par elle-
même, & dont le desir étoit propre à faire
le tourment de sa vie? Les richesses servent

à

à montrer qu'on eſt riche ; eſt-il un faſte plus ridicule ? Un homme eſt-il plus eſtimable pour avoir beaucoup de bien, qu'un lac parce qu'il contient une grande maſſe d'eau ? Les commodités que l'on retire des richeſ-ſes ſont les motifs les plus plauſibles pour les deſirer ; mais qu'eſt-ce que ces avantages, mis en compenſation avec les peines qui les accompagnent ?

Je ne prétends pas qu'il ne doit point y avoir de riches, & que celui qui l'eſt doit ſe dépouiller de ce qu'il poſſede ; je ne dis point que celui qui a des beſoins ne tra-vaille pas à y ſubvenir. Riches ! poſſédez vcs richeſſes, mais ſachez les apprécier, en uſer & les perdre. Pauvres ! apprenez à connoî-tre la vraie ſituation du riche, & n'ambition-nez pas un ſort qui, quoique plus apparent, eſt inférieur au vôtre : ſi la fortune vous favoriſe un jour, recevez ſes dons, & pen-ſez aux devoirs du riche ; mais ſouvenez-vous qu'il y a de la folie à ſe tourmenter par le deſir ardent d'une choſe qu'on ne peut acqué-rir. Qui pourroit ſoupirer ſans ceſſe après un état qui ſeroit toujours au-deſſus du ſien,

& être mécontent de celui-ci, s'il considé-
roit qu'il est encore l'objet des vœux d'une
infinité d'hommes?

La noble émulation a toujours produit de
grands avantages à la société; elle est louable, elle est utile, elle est nécessaire; mais
quel rapport a-t-elle avec une ambition
effrénée qui ne fait desirer que le nom de
l'honneur, au mépris de l'honneur même?
L'une a le bien pour objet, parce que l'ame
éprouve un vrai plaisir à le pratiquer; l'autre
se termine à une vaine apparence, qui ne
fait ni estimer, ni rechercher le bien. Quel
est l'homme d'honneur de ces deux, dont
l'un aime le bien, desire de le faire autant
qu'il est en lui; & l'autre méprise ce même
bien, en cherchant cependant à jouir des
avantages qui y sont attachés? Tout homme
doit desirer d'être grand; mais tout homme
doit savoir aussi que la vertu seule fait les
grands.

Le principe que j'ai établi sur notre bonheur ou notre malheur, est incontestable: il
est fondé sur l'évidence, & elle opere nécessairement la conviction. Tous les actes de

l'homme se rapportent, comme je l'ai déjà dit, à l'amour ou à la haine ; ils sont desirs ou aversions : pour être heureux, il faut que ces deux opérations de l'ame soient tellement réglées, que leurs objets ne puissent la troubler ; or, je le demande, l'amour des plaisirs du monde peut-il ne pas porter atteinte à cette paix sans laquelle l'ame est souffrante ? Ils nous présentent des appas qui excitent des desirs désordonnés ; mais la réflexion, la méditation sur la nature, & la suite de ces plaisirs sont bien propres à en détourner l'idée. L'on hait bientôt un objet, quand on le considere comme dangereux ; & on le conçoit nécessairement tel, quand on cesse d'écouter la voix des préjugés. La vie de l'homme ne seroit point insipide parce qu'on en auroit retranché des plaisirs qui, jusqu'à présent ont flatté tout le monde, & pour lesquels nous avons un penchant qui paroît même naturel. L'homme heureux seroit celui qui, content de son sort, n'estimeroit que ce qui est vraiment estimable : l'erreur de l'intellect & le déréglement de la volonté ne font pas nécessaires. Tout homme peut donc

reconnoître la vérité, rejeter le menſonge;
tout homme peut être heureux. Un prince,
moins flatté de l'éclat de ſon diadême que
de l'eſpoir de faire la félicité de ſes ſujets,
peut-il ne pas jouir de la ſienne propre? La
bienfaiſance, cette vertu ſi douce à tous les
hommes, l'eſt bien plus lorſque l'exercice
en eſt facile; quand la bonté & la juſtice
caractériſent le gouvernement, il eſt doux
d'être roi. Les grands qui eſtiment moins
leur rang que les vertus qui les y ont élevés,
qui ſavent apprécier le mérite dans toutes
les claſſes d'hommes, & ne ſe laiſſent pas
entraîner aux dangers d'une pompe ſédui-
ſante, éprouvent une véritable joie dans leur
grandeur. Le riche pour qui la fortune n'eſt
qu'un moyen de ſécourir les indigens, &
qui n'emploie ſes dons qu'au bien public,
ne trouvera point dans ſes richeſſes cette
ſource de peines qui en eſt inſéparable lorſqu'elles ne ſervent qu'à un luxe orgueilleux.
Celui qui eſt reſtreint à une médiocrité,
même étroite, a toujours de quoi ſubvenir
à ſes beſoins; & l'homme qui a le néceſſaire
doit s'en contenter. On peut poſſéder le

superflu, mais il n'eſt jamais raiſonnable de le deſirer : tout homme qui a ſu régler ſon intérieur, apprécier les biens du monde, en jouir ſans attachement, les perdre ſans re-grets; celui dont l'ame forte réſiſte aux revers de la fortune, que l'adverſité ne peut abat-tre, qui connoît la malice des hommes, & mépriſe les atteintes que lui portent les mé-chans, eſt néceſſairement heureux. En un mot, le bonheur ne conſiſte point dans la grandeur & les richeſſes, mais les heureux ſont tout-à-la-fois grands & riches.

On m'objecteroit en vain que j'ai eu tort de combattre l'amour des agrémens du monde, puiſqu'il concourt au bien de la ſociété. Je répondrois que l'ambition ne pro-duira jamais le même bien que la noble émulation; que l'amour ſeul de la vertu doit la faire pratiquer; que ſon exercice eſt ſeul avantageux à un état. L'amour des richeſſes, le faſte & les autres déréglemens des hom-mes produiſent peut-être une eſpece de biens, mais il diſparoît à la vue des maux qu'ils entraînent. Un royaume n'eſt pas moins riche, parce qu'on fait un meilleur uſage de ſes richeſſes; & ſi certains commerces ne peuvent ſe ſoutenir que par des abus, ils doivent être ſuppléés par d'autres qui aient des avantages ſans inconvéniens. Tout ce que l'on emploie au luxe peut avoir une autre deſtination; car tel qui donne ſon tems & ſes talens aux objets qui leur ſont purement relatifs, aux ſuperfluités, ne pourroit manquer d'employer l'un & l'autre à quelque choſe de plus utile au bien public. La nature n'a pas formé les préjugés; ils ne ſont pas néceſſaires pour l'union qui doit régner parmi les hommes: la vérité eſt faite pour former des liens plus doux & plus fermes que ceux qui ſont ſerrés par l'erreur & le menſonge. Rappellons-nous ces peuples qui ont été des modeles les plus accomplis de toutes les vertus ſociales; le déſintéreſſement, la ſimplicité étoient leur partage; on ne voyoit point parmi eux cette immenſe diſtance qui ſépare le grand du petit, le riche du pauvre; on ne voyoit point un luxe orgueilleux tyranniſer les uns & écraſer les autres, ils étoient tous citoyens, ils étoient tous heureux.

L'homme peut trouver en lui-même la source de son bonheur; mais il n'est pas indépendant de ses semblables, il a avec la société des relations auxquelles il ne peut se souftraire, il a droit d'en attendre des biens sans lesquels il ne peut vivre. Membre d'un corps, c'est par lui qu'il subsiste, c'est de lui qu'il reçoit son existence & son activité : si les membres conjurent la perte du corps, s'ils lui refusent les secours qu'ils lui doivent, s'ils ne l'aident & le soutiennent à leur tour, sa ruine est prochaine, elle est inévitable. Or , un corps ne peut se dissoudre & souffrir que dans ses parties ; les maux publics sont donc les maux des particuliers, & le malheur de la société a une liaison essentielle avec celui des individus qui la composent , l'état du corps n'est autre chose que celui de ses membres. Quiconque veut être heureux , doit faire le bien public ; cette obligation est gravée dans le cœur de tous les hommes, elle est fondée sur toutes les loix. Examinons notre nature , consultons nos penchans , nos desirs , suivons les dans les différentes circonftances de la vie; nous reconnoîtrons toujours que nous fommes nés pour la fociété & que nous devons en faire le bien.

Nous naiffons tous avec une certaine inclination au mal , nous éprouvons des mouvemens défordonnés dans notre efprit, la partie fenfible de notre être eft fouvent une caufe ou un inftrument de crime; cha-cun de nous a une paffion dominante qui l'entraine à fon objet; nous fommes fujets à l'erreur, les préjugés nous aveuglent & la raifon fe tait dans bien des circonftances, mais la nature fait toujours entendre fa voix. Il n'eft point d'homme infenfible au plaifir de voir & de vivre avec fes femblables; le fentiment naturel qui nous unit eft le même dans tous; il eft doux, invariable , il n'eft pas en notre pouvoir de le corrompre ou de l'étouffer.

Il eft fans exemple que des hommes fe foient regardés comme feuls au monde, ou aient totalement renoncé au commerce de la vie. Si l'efprit d'une pénitence exceffive & un zele outré du falut en a conduit

quelques-uns dans les déserts & les soli-
tudes, ils ont toujours conservé l'espoir
de voir des hommes, & ils ont trouvé
bien douces les nécessités de circonstances
qui les y ont forcés; ils n'avoient jamais
pu les oublier, l'occupation des récompenses auxquelles ils aspiroient les conso-
loient foiblement de la privation à la quelle
ils s'étoient condamnés; le penchant qu'ils
cherchoient à vaincre étoit toujours victo-
rieux, nous combattons inutilement contre
les sentimens que le Ciel a gravé dans nos
ames.

Qu'on suppose, si l'on veut, un homme
né & élevé dans les forets, qui n'ait eu
pour maîtres & pour compagnons que les
bêtes féroces; que le Ciel ou la nature
ayent pris soin de son enfance, & qu'ensuite il ait été livré à lui-même. Sa situation
sera aussi violente que singuliere, à peine
reconnoîtra-t-on en lui l'humanité : mais
si le hasard le réunit à quelqu'un de ses semblables, sa joie égalera sa surprise, son esprit,
quoiqu'abruti, se livrera aux pensées les
plus consolantes, il sentira dans son cœur

des mouvemens qui lui apprendront qu'il
n'eſt pas né pour vivre ſeul, & que la
ſociété des hommes eſt l'état auquel ſa
nature l'appelle. Nous avons reçu du Ciel
des facultés ſpirituelles & corporelles, pro-
portionnées à la ſituation dans laquelle nous
devons vivre. Il n'en eſt aucune qui n'ait
une relation eſſentielle avec la ſociété, &
l'exercice du plus grand nombre devient
impoſſible ou inutile à l'homme ſolitaire.
L'étendue de l'eſprit, les connoiſſances
ſublimes, l'aptitude aux ſciences, les talens
& les arts ne ſont ils pas des biens publics & inutiles aux particuliers, ſi on les
conſidere en eux-mêmes, & ſeulement dans
le ſujet qui les poſſede. Ce n'eſt pas pour
lui ſeul qu'un homme a reçu le talent de
la parole, un eſprit inventif, l'art de commander & de conduire les autres aux fins
qu'il s'eſt propoſées. Ce n'eſt pas pour lui
ſeul qu'il eſt géometre, architecte, géo-
graphe; de quelle utilité ſeront les vertus
guerrieres à celui qui doit être ſéparé de
tout le monde? Si l'homme n'eſt pas né
pour la ſociété, la bienfaiſance, la géné-

rofité lui font des dons inutiles, des qualités imaginaires ; il faut ôter de l'homme
les fentimens qui l'élevent le plus & montrent mieux la beauté de fa nature, la grandeur de fon être ; il faut lui ôter l'honneur,
la fenfibilité, la reconnoiffance, il faut enfin en faire un autre homme & lui donner
une nature différente. L'homme a un
cœur fait pour aimer, la tendre amitié lui plait & le flatte, fes douceurs le
charment & l'engagent à s'y livrer. S'il eft
folitaire, c'eft en vain qu'il eft fufceptible
d'attachement & que fa nature le porte à
cette union de deux cœurs qui eft fi rare
& fi recherchée. L'homme eft donc diftiné
à vivre en fociété, elle eft l'objet de fes
defirs, toutes fes qualités le prouvent ; mais
quand il n'y feroit pas engagé par nature
& par inclination, fa conftitution exigeroit
de lui cet état, fes befoins l'y appelleroient,
la néceffité lui en feroit une loi. L'homme eft foible, il eft fujet à des infirmités,
dans bien des circonftances il eft impuiffant ;
cet état ne demande-t-il pas des foulage-
mens & des fecours qu'il ne peut attendre

que des membres qui forment un même corps avec lui? Suivons le dès le moment de sa naissance jusqu'à sa mort, nous verrons qu'à peine il peut subsister quelques instans, si on le sépare de la société pour le livrer uniquement à lui-même, à moins que l'on ne le range dans la classe des bêtes, il ne peut naître que d'un accord formé entre deux personnes de différens sexes; sans cette union qu'on appelle mariage, on ne peut le voir existant que d'une maniere trop convenable aux animaux pour être propre à l'homme. Pourquoi celui qui n'ait de la société n'en seroit-il pas membre? Faut-il que le pere qui lui a donné l'existence & qui s'est reproduit lui-même, oublie que son fils est le fruit de ses feux, qu'il est son image, un homme comme lui, formé de sa substance, un autre lui-même? La mere qui l'a porté dans son sein, après l'avoir conçu dans l'ivresse du plaisir, peut-elle n'avoir pour lui ni amour ni trendresse? doit-elle le traiter en bête brute ou en créature raisonnable? Si l'on détruit l'idée de la société ne faut-il pas

auſſi détruire tous les ſentimens qui nous
ſont naturels ? L'enfance eſt le tableau &
l'aſſemblage de toutes les miſeres, elle nous
préſente une impuiſſance totale, elle infpire la pitié. Les cris de l'homme dans les
premiers momens de ſa vie annoncent combien ſa ſituation eſt pénible ; il ſemble demander du ſecours à tout ce qui l'environne, il eſt paſſif en tout ; la mere épuiſée
des douleurs de l'enfantement eſt ſans force
& pour ainſi dire dans le même état d'impuiſſance que l'enfant : que deviendront-ils
l'un & l'autre, ſi une main ſociale ne les
ſecoure point ? Quelle ſera leur deſtinée, ſi,
ſéparés de tout ce qui exiſte, ils ſont livrés
à leur foibleſſe & abandonnés à eux-mêmes
dans cette ſituation ? Séparez l'homme de
la ſociété, il eſt plus à plaindre que les bêtes :
combien d'années s'écoulent avant qu'il ſoit
en état de pourvoir par lui-même aux beſoins
de ſon corps ! quels ſoins, quelle vigilance,
quelles précautions ne faut-il pas pour le
ſouſtraire aux dangers dont il eſt ſans ceſſe
menacé ! qui eſt-ce qui aſſurera ſa conſervation ſi le haſard le prive de ceux qui lui

ont donné le jour, dans des tems où il attend tout d'eux, où il ne subsiste que par eux? qu'il parvienne à cet âge où, soustrait aux foiblesses de l'enfance, il jouit de toute la force dont il est capable, il ne poura encore se suffire à lui-même, il n'est point d'homme qui vive uniquement de son travail, & l'on sait que la terre produit naturellement la nouriture qui convient aux animaux; elle est ingratte pour l'homme, elle demande de lui des peines & des sueurs qui excedent ses facultés lorsqu'il est privé de secours. Notre constitution a sans doute été plus forte qu'elle ne l'est aujourd'hui; notre animalité n'a pu dans son principe, être moins parfaite que celle des bêtes qui font sujettes à moins de vicissitudes que nous. Ceux qui nous ont précédé vivoient dans les premiers tems du monde jusqu'à plusieurs siecles, sans être pour ainsi dire, sujets aux infirmités; mais l'homme s'est écarté des voies de sa nature, il lui a fait une violence continuelle, il s'est déchu de son état de vigueur, la foiblesse & les maladies sont devenues son partage, celui qui y est peu su-

jet n'en eſt pas entiérement exempt, la différence n'eſt que du plus au moins, il n'en
eſt aucun qui n'ait en lui un principe de
corruption & de mort, principe qui ſe dé-
velopperoit ſouvent avec danger ſi nous ne
trouvions dans la ſociété des ſecours qu'il
n'eſt pas en notre pouvoir particulier de
nous procurer. Oter les vertus ſociales de
l'homme, le pere mourra abandonné du
fils, la fille ſera inſenſible aux douleurs de
la mere, chaque individu livré à ſa foibleſſe
portera ſeul le poids des miſeres qui l'ac-
cableront ; s'il ne doit rien aux autres, il
n'a rien à en attendre, s'il ne forme un
même corps avec eux, & qu'il ne leur ſoit
pas uni par des engagemens reſpectifs, il
doit ſe conſidérer comme un tout indépendant & ſans relation avec ſes ſemblables.
Une telle ſituation révolte la nature, elle
eſt pleine d'horreurs pour un être capable
de ſentir tout ce qu'elle a d'affreux, elle
inſpire l'effroi à celui qui la médite & con-
fond celui qui y eſt réduit réellement. La
deſtinée de l'homme inſocial ſeroit la plus

odieufe, un Dieu cruel pouroit feul la lui avoir donnée.

Nous naiffons avec toutes les facultés dont l'homme eft capable, nous apportons avec nous le principe de toutes les qualités; mais fans la culture de nos difpofitions, l'ufage nous en eft impoffible : à peine l'homme fauroit-il penfer, s'il étoit livré à la nature; rempli de préjugés, toujours fujet à l'erreur, il lui faut un guide pour le conduire dans le chemin de la vérité. Infuffifant pour apprendre tout ce qu'il peut favoir, il doit profiter des connoiffances que les autres ont acquifes & s'en fervir comme d'un appui pour s'élever à un dégré plus fublime. L'expérience d'un individu n'eft rien, il faut celle de plufieurs hommes & de plufieurs fiecles pour y puifer des connoiffances certaines. C'eft cette expérience qui a détruit le plus d'erreurs, c'eft elle qui a le plus éclairé notre efprit. Quoique la nature foit la même dans tous les hommes & que l'effence d'où fluent toutes leurs qualités ne foit pas différente, cette effence n'a pas le même développe-

ment

ment dans tous, ils ne font pas tous capables des mêmes chofes. On remarque dans l'un un efprit fubtil, inventif, étendu; d'autres refferrés dans les bornes les plus étroites, font incapables des connoiffances les plus faciles & ne peuvent rien produire de leur propre fonds. Dans les uns on voit un jugement éclairé, une maniere de penfer droite & judicieufe, une facilité finguliere à difcerner les qualités les plus obfcures des objets; dans d'autres on n'apperçoit que l'aveuglement le plus entier, des idées fauffes, des jugemens hafardés & toujours douteux, un penchant à l'erreur qui les empêche d'apprécier les vraies qualités des chofes & leur fait fuivre le menfonge fous l'apparence de la vérité. Il n'eft point d'homme univerfel & qui puiffe parvenir à un degré imminent dans tous les genres: il faut donc que les hommes s'entraident mutuellement, que ceux qui font plus favorifés de la nature ou qui ont fait de plus grands efforts pour s'élever au-deffus des autres, foutiennent les foibles, inftruifent les lâches & les ignorans. Quel feroit aujourd'hui notre aveuglement fi tous les hommes fe fuffent concentrés dans leur fphere particuliere, & s'ils n'euffent pas travaillés comme de concert, à s'élever au-deffus de leur être! Combien, croupiroient dans la plus honteufe ignorance, fi des maîtres habiles ne les euffent précédés dans les fentiers de la vérité & ne leur euffent pas fait part des connoiffances qu'ils auroient acquifes? n'eft-ce pas à la fociété que nous fommes redevables de tous les avantages que nous retirons de l'invention & de la perfection des arts? Mais, fans nous étendre à des confidérations fi générales, arrêtons-nous à ce qui fe paffe fous nos yeux, & voyons quels changemens l'éducation produit dans les hommes. Elle ouvre l'efprit, forme le cœur, infpire des fentimens, multiplie les connoiffances & femble ajouter de nouvelles facultés à notre effence; elle nous fait, pour ainfi dire, tout ce que nous fommes. De là naît cette différence fi grande entre les hommes des différentes claffes; ils femblent n'avoir aucun rapport, aucune fimilitude entr'eux. Notre nature exige que nous foyons foumis à des maîtres, que nous ayons des modeles à imiter, des leçons à fuivre, & c'eft à la fociété feule que nous pouvons avoir ces obligations.

(*) L'exiftence d'un Dieu créateur & maître de l'univers eft une de ces vérités qu'aucun homme ne peut ignorer ; il en trouve en lui-même & dans tout ce qui l'environne des preuves trop fenfibles pour la révoquer en doute. L'obligation de rendre hommage à fa majefté fuprême & d'implorer fa bonté eft fondée fur la feule idée que nous avons de lui. L'homme a eu, de tout tems, une religion ; on trouveroit plutôt des peuples fans loix & fans habitations que fans temples. Quelque foit le culte que l'on rend à Dieu, il doit être

---

(*) Pour n'être pas furpris des changemens fubits de matiere qui apparoiffent fouvent dans cet ouvrage, il faut fe rappeller que l'auteur a eu à traiter de diverfes paffions & à appuyer fes raifonnemens de preuves alternatives tirées de la nature, des loix, de la religion &c. les tranfitions ne font qu'apparentes, le lecteur fe trouvera toujours ramené au fujet principal.

G ij

extérieur, uniforme & éclairé ; pour lui plaire, il doit être exempt de superstitions, fondé sur une connoissance certaine de la grandeur de la divinité & soumis à des regles invariables ; or c'est à la société & non aux particuliers à déterminer ces regles, elle est moins sujette à l'erreur. Mais si Dieu veut, lui-même, faire connoître la forme du culte qu'il exige de nous, s'il veut nous donner des loix & des préceptes communs, on reconnoît aussitôt la nécessité où sont les hommes de ne former qu'un même corps pour accomplir ses volontés. Il peut nous appeller à lui par différens moyens, mais, dans tous, il faut toujours que nous apprenions nos devoirs de nos semblables. L'exercice public de la religion a été reconnu pour être digne de Dieu, & tous les peuples s'en sont fait une loi indispensable. L'homme est composé de deux parties dont l'une est matérielle & sujette à la dissolution, mais le principe qui l'anime & lui donne toute son activité, étant d'une nature opposée, ne peut éprouver le même sort, l'ame est immortelle : elle survivra au corps auquel elle a été unie pour former l'essence de l'homme ; une autre vie suit immédiatement sa séparation d'avec la partie sensible de notre être ; c'est dans ce nouvel état que l'homme de bien recevra une récompense dont le vicieux sera privé ; tel est l'espoir qui nous anime à la vertu, telle est la consolation qui nous soutient dans son exercice ; telle est la source des remords & des craintes de ceux qui, livrés au crime & à l'injustice, ne peuvent se promettre aucune sécurité. Une vie heureuse, une félicité accomplie ont été offertes à tous les hommes, ils y sont tous destinés : une fin si belle pourra-t-elle s'accorder avec des principes qui tendent à la destruction de la société ? Comment pourroit-il se faire que devant un jour être tous réunis pour ne former qu'un même corps dont le bonheur sera commun, nous ayons été créés pour vivre séparés & indépendans les uns des autres ? Une société éternelle étant notre but pour l'avenir, & les moyens qui nous y conduisent étant les mêmes, cet état d'union nous convient également dans la vie présente ; une inclination naturelle , un penchant invincible nous y portent, notre conſtitution l'exige. Les devoirs que nous avons à remplir envers Dieu ont une liaiſon eſſentielle avec ceux auxquels nous ſommes obligés envers la ſociété ; l'homme qui voudra ſe ſouſtraire aux uns & aux autres aura étouffé tous les ſentimens de ſon cœur & violé tous les principes de la loi éternelle que ſon Créateur y a gravée. Les loix divines & humaines s'accordent parfaitement avec notre raiſon ſur cet article , il n'en eſt point qui n'en ſoit une preuve & une confirmation. L'eſprit de ſociété y eſt principalement recommandé, elles nous en font un précepte le plus important. Si nous conſultons notre religion , nous y apprenons que tous les hommes ne forment qu'une même famille dont Dieu eſt le chef, qu'ils ont un pere commun dont la bonté veille ſans ceſſe ſur eux & pourvoit à leurs beſoins ; nous y voyons que, ſelon l'ordre établi par la ſageſſe infinie , les premiers hommes ſe réunirent , conſtruiſirent des villes, formerent des états, des colonies, des peu-

ples, des nations. Dieu ! en pourvoyant à
la multiplication des hommes favorisa leurs
établissemens, & témoigna par sa protection
que la société qu'ils avoient formée entr'eux
étoit conforme à ses vues. Quelque jaloux
qu'il soit de l'hommage des mortels, il
semble avoir pourvu à leur conduite res-
pective, avant de prescrire la forme du culte
qu'il exige d'eux ; ses premiers préceptes
ont pour objet les vertus sociales & le bien
public. En effet la loi ancienne traite principalement de l'administration générale du
peuple Juif ; les princes & les sujets y trouvent leurs devoirs, & les menaces les plus
terribles qui y sont prononcées concernent
les violateurs de l'union qui doit régner
entre les membres d'un même corps. Cette
loi inspire l'amour de l'ordre public & du
bonheur des particuliers ; elle déclare que
Dieu vengera tous les dommages qu'un
homme souffrira d'un autre, qu'il demandera sang pour sang, ame pour ame ; que
celui qui ne prêtera pas secours à son frere
lorsqu'il en aura besoin sera regardé comme
un homicide, & à plus forte raison, celui

qui s'opposera formellement à sa félicité, lui tendra des piéges & travaillera à sa destruction. Les moindres détails y sont donnés sur les mariages, l'éducation des enfans, l'acquisition, la possession, la cession des biens. Enfin cette même loi porte des peines contre les rapines, les usurpations, les dissentions, & n'omet rien de tout ce qui peut contribuer au bien de la société, au bonheur de ses membres & à la conservation de leurs droits. La loi ancienne est donc un témoignage certain de la destination des hommes pour la société, & de l'obligation qu'ils ont tous de travailler au bien public. Le christianisme contient les mêmes préceptes ; il n'exclut personne de son sein ; il appelle tout le monde, tout homme peut l'embrasser ; quiconque s'y soumet devient membre d'une société & en accepte les loix. Je pourrois rappeller à cet égard, ce que le fils de l'éternel a fait pour l'humanité, dire qu'il est venu établir entre les hommes une union indissoluble, leur recommander un attachement mutuel & les exciter à une douce paix ; mais je laisse aux panégyristes de la religion à peindre l'amour incompréhensible de son auteur & à en tirer les conféquences avantageuses qui doivent servir de regle à notre conduite ; je me bornerai uniquement au terme de la loi qui établit mon principe, il n'en est point de si étendu ni de si formel. Les perfections de Dieu & les bienfaits immenses qu'il accorde aux hommes exigent d'eux des sentimens proportionnés à sa grandeur & à sa bonté, c'est là le premier précepte de la loi nouvelle, mais elle en contient un autre non moins important, c'est que l'homme doit aimer son prochain comme il s'aime lui-même ; voilà, en deux mots, est-il dit, tout le devoir d'un chrétien ; celui qui a accompli ces deux préceptes a rendu à Dieu & à l'homme ce qui leur appartient. Le Créateur pourroit exiger le sacrifice de toutes nos facultés pour lui seul, mais il a voulu que nos cœurs fussent partagés entre lui & la créature ; que l'attachement que nous avons pour l'humanité, égale celui que nous lui devons à lui-même : oui, Dieu a voulu que l'amour franchit toute la distance qu'il y a du Ciel à la terre, &

que comme nous sommes à son égard l'objet
de ce sentiment, nous l'éprouvions aussi les
uns envers les autres. Il nous a déclaré
qu'il nous jugeroit par les dispositions dans
lesquelles nous aurions été pour nos semblables & qu'il nous tiendroit exactement
compte du bien & du mal que nous aurions fait à chacun d'entr'eux. Il semble
que l'amour de l'homme pour l'homme,
soit le plus haut degré de perfection auquel
nous puissions atteindre, il n'en est aucun
que l'écriture cherche tant à nous inspirer;
elle nous annonce expressément qu'il nous
méritera l'amitié de Dieu & les faveurs du
Ciel. Le précepte que je vous donne,
disoit Jésus-Christ à ses disciples, est que
vous vous aimiez les uns & les autres
comme je vous ai aimés. Il semble que ce
soit là le fondement de toute la loi, la source de toutes les vertus & l'unique devoir
que Dieu nous impose, puisqu'il ajoute encore, ce que je vous commande est que
vous vous aimiez mutuellement; car celui
qui a pour son prochain cet attachement
sincere, ces sentimens affectueux qui le lui

font regarder comme un autre lui-même,
a accompli toute la loi ; je ne puis trop,
dit-il, vous répéter ce commandement, ai-
mez votre prochain ; que votre ame foit unie
à la fienne par les biens de la tendreffe,
que votre cœur foit partagé entre vous &
lui, que vous le chériffiez comme vous vous
chériffez vous même. Si quelqu'un dit qu'il
aime Dieu & qu'il ait de la haine pour quelqu'homme, il eft un menteur, il fe féduit
lui-même & ne peut devenir ennemi de
l'humanité fans devenir ennemi de Dieu.
Celui qui n'aime perfonne eft dans un état
de mort, fon hommage ne peut être agréable au Seigneur & fes meilleures actions ne
font d'aucun mérite. On eft furpris, fans
doute de voir le même précepte fi fouvent
répété : mais, que l'on y faffe bien attention ;
le bonheur de l'homme eft précieux aux
yeux de Dieu, fes deffeins fur les créatures
font dictés par la bonté & l'amour qu'il a
pour elles ; il femble nous inviter, nous
preffer de répondre aux vues de fa miféricorde & de fa bienfaifance.

Pouvons-nous douter, après des expref-

fions auffi formelles, des preuves auffi au-
thentiques, que l'amour du bien public ne
foit notre devoir le plus important & dont
l'accompliffement feul peut affurer notre
bonheur. L'attachement que nous devons
à nos freres n'eft pas un fentiment ftérile
& fpéculatif qui fe borne à de vaines paroles; c'eft un amour fincere qui doit fe ma-
nifefter par les œuvres, amour qui eft le
principe de cette modération qui nous fait
fupporter les défauts des autres, qui nous
infpire une bienveillance aimable, qui ban-
nit les mouvemens honteux de l'envie, nous
rend incapables d'orgeuil, nous épargne
les peines de l'ambition, & nous fournit
du zele pour le bonheur de tous les hommes. De telles obligations ne font point un
joug impofé par une religion trop gênante,
tous les peuples s'en font fait une loi dont
ils ont reconnu les avantages : Rome
devint la maîtreffe du monde parce qu'elle
renfermoit autant de vrais amis que de bons
citoyens; ce qu'ils poffédoient étoit plus
à Rome qu'à eux-mémes, fon falut & fa
profpérité étoit l'objet unique de leurs de-

firs, & ils regardoient comme perdus tous les jours qu'ils n'avoient pas employés au bonheur de leurs concitoyens. Les romains ne feroient jamais déchus de leur grandeur, fi l'intérêt particulier ne l'eût emporté fur celui de l'état; le principe qui les avoit élevés auroit pu les maintenir dans le degré de gloire auquel ils étoient parvenus, & s'ils euffent continué à être bons citoyens, ils feroient encore maîtres des nations & redoutables au monde entier.

Le même efprit qui a illuftré les romains nous a rendu les grecs recommandables; Athênes fut heureufe fous fes tyrans parce qu'ils travailloient au bien public de concert avec fes citoyens; elle fut le berceau des fciences & des arts, parce que tout ce qu'elle renfermoit de talens fut employé au bonheur de la fociété. Elle triompha de fes ennemis, parce que le zele du bien public lui avoit formé des foldats intrépides & des généraux qui cherchoient moins leur gloire que le falut de leur patrie. Des hommes qui concourent tous autant qu'il eft en eux au bien d'un état, ne peuvent manquer de le rendre floriſſant; l'amour du bien public, eſt la ſource du bonheur public.

Sparte, dont le nom & la gloire ſont immortels, eſt devenue le modele de toutes les villes, elle a fait l'admiration de l'univers, & le zele qu'ont montré ſes citoyens pour ſa défenſe, les éleve au-deſſus de tout ce que les autres nations ont pu faire. Il eſt beau de voir trois cents hommes, s'oppoſer à une armée compoſée de pluſieurs millions, & ſe dévouer à une mort certaine pour ſauver leur patrie. Un ſeul d'entr'eux échappe au glaive de l'ennemi & vient rendre compte à ſes concitoyens du courage invincible de ſes camarades..... il eſt regardé comme un traitre, un lâche, un perfide: le ſalut de ſon pays lui faiſoit une loi de la mort; il vit, c'eſt aſſez pour qu'il devienne un objet d'horreur & de mépris; il eſt traité comme violateur des droits ſacrés de la ſociété & en eſt rejeté comme indigne de partager ſa gloire. Les biens des Athéniens étoient communs; il n'y avoit parmi eux ni riches, ni indigens, ni op-

preſſeurs, ni opprimés; la lâcheté, les trahiſons, l'injuſtice y étoient preſque inconnus, l'amour de la ſociété leur inſpiroit
toutes les vertus; ſoumis aux loix les plus
ſages, lobſervation leur en étoit douce &
facile; le bien public étoit le motif & la
récompenſe de toutes leurs actions.

Si les hommes n'euſſent étouffé en eux
les ſentimens naturels, il eût été inutile d'établir des regles ſur leur conduite; leur
corruption a fait naître cette précaution : il
leur falloit une barriere forte pour les contenir dans le bien. Tous les peuples ont des
loix, tous les états ſont gouvernés ſelon des
principes particuliers. Ces inſtitutions tendent toutes à maintenir l'union parfaite entre
les membres d'un même corps, à faire rendre à chaque homme ce qu'il doit à ſon ſemblable, à faire aimer le bien public, & à
aſſurer le bonheur des particuliers. Les loix,
la religion, la nature nous portent donc au
bien de la ſociété; mais les maux qui nous
accableroient, ſi nous mépriſions ſes intérêts, entraînent auſſi des conſidérations propres à exciter le zele que nous devons lui
témoigner.

La vertu n'a malheureufement pas affez
de charmes pour nous forcer d'elle-même
à la pratiquer ; nous fommes fufceptibles
d'erreur ; le déreglement de la volonté a une
liaifon néceffaire avec l'aveuglement de l'efprit : pour être vertueux, il faut que nous
foyons intéreffés à le devenir ; & comme le
bonheur public fait le bonheur des particuliers, de même que les malheurs publics
fe répandent fur les individus de la fociété,
la réaction de notre conduite fur nous-mêmes devroit au moins la rendre jufte & raifonnable. Mais que feroit-ce, fi l'intérêt général ne nous paroiffoit pas le plus fort?
L'homme corrompu fe promet facilement
l'impunité, lorfqu'il n'eft retenu que par les
loix pofitives ; & l'on peut dire que tout le
mal poffible paroît permis à quelqu'un qui
ne refpecte que fon avantage propre. Ainfi
l'utilité relative d'une chofe feroit un motif
fuffifant pour la faire rechercher criminelle-
ment ; l'acquifition légitime, la jufte poffeffion ne feroient plus des titres capables
d'affurer le bien des particuliers; envain les
oppofera-t-on alors, l'utilité privée ne ref-

pectera

pectera rien ; la fille fera déshonorée en préfence de la mere, l'époufe fera arrachée des
bras de fon mari, pour fervir à la brutalité
d'un étranger ; le général, à qui le prince
aura confié les intérêts de l'état, les facri-
fiera aux fiens propres ; la lâcheté & la trahifon lui paroîtront permifes, fi elles fervent fes defirs ; le magiftrat, méprifant les
loïx & la juftice, travailiera pour lui-même,
aux dépens de la veuve & de l'orphelin ; le
prêtre trahira fon miniftere & ceux qui y
auront recours, toutes les fois qu'il pourra
en retirer quelqu'avantage. Si l'homme n'eft
créé que pour lui-même, s'il ne confulte ainfi
que fes intérêts, fa propre vie n'eft pas en
fûreté ; l'héritier qui attend de lui une fuc-
ceffion, l'égorgera par reconnoiffance ; fi le
fang du prince eft de quelqu'utilité au dernier fujet, il ofera le faire couler : il craindra peu l'œil charnel & le glaive de la juftice.
La loi du plus fort fera celle des hommes ;
le vol, la violence, la féduction, le rapt,
l'adultere, le meurtre, & tous les crimes
cefferont d'être odieux ; on les commettra
toutes lesfois qu'on pourra le faire impu-

H

nément. Il n'y a point de milieu entre ces deux chofes, faire le bien de la fociété, ou travailler à fa deftruction. Si je ne dois rien aux hommes, je ne travaillerai que pour moi, quelque dommage qu'il en puiffe réfulter pour mes femblables : mon utilité privée fera toujours affez puiffante pour me déterminer à fon accroiffement; puifque je n'ai rien à faire à la fociété, mes talens, mes arts, mes fciences me deviennent inutiles; il faut féparer de mon être l'éducation, l'inftruction, la religion même. Mais fi les pieds refufent leur fervice au corps, comment pourra-t-il marcher? fi l'œil ne s'ouvre pas, comment verra-t-il? Cependant les pieds ne marchent point, & l'œil ne voit pas. Les opérations privées de chaque membre dépendent du concours de tous les autres; il faut qu'ils tendent tous au falut du corps qu'ils compofent. Or la fociété n'eft-elle pas un corps dont tous les hommes font membres? s'ils ne travaillent pas à la foutenir, elle ne peut fubfifter un feul inftant; fa diffolution eft auffi infaillible que celle du corps humain, lorfque quelqu'une de fes parties ne concourt plus à sa durée. Si nous ne sommes pas nés pour la société, il faut détruire les états; ôter l'idée de princes, de sujets, & faire disparoître les loix de la justice; il faut que l'homme sorte du monde, qu'il aille habiter avec les animaux, & qu'il ne soit distingué d'eux que parce que sa condition sera devenue plus honteuse, sa situation plus dangereuse & plus pénible.

Quel contraste entre l'homme qui méprise le bien public, & celui qui se fait un devoir essentiel d'y contribuer! quels avantages ne procure pas le zele pour les intérêts de la société! C'est lui, comme on l'a démontré, qui fait la sûreté de tous les biens, qui soutient l'honneur, anime à la vertu, fait fleurir les sciences & les arts. C'est ce zele qui fait mettre à profit les talens que chaque homme a reçu du ciel; c'est lui qui donne à la patrie des défenseurs invincibles, des princes bienfaisans, des magistrats incorruptibles & éclairés; c'est lui qui fait de certains hommes les fermes appuis de l'état, des protecteurs de l'innocence & des vengeurs du crime.

H ij

L'amour du bien public eſt pour tous les membres d'un royaume, un tréſor inépuiſable de richeſſes; il fait trouver à l'homme d'autres lui-même dans ceux qui l'entourent; il lui procure la douceur de pouvoir dire : tout ce qui exiſte penſe & travaille à mon bonheur; le prêtre intercede pour moi auprès de mon Dieu; le militaire me met à l'abri des invaſions de l'ennemi; le magiſtrat, le prince même, de deſſus ſon trône, veillent à ma tranquillité; c'eſt pour moi que le commerçant travaille, que le laboureur cultive la terre, que les ſavans acquierent des connoiſſances; j'ai droit aux biens, aux talens, & à tout ce que poſſedent les hommes; toutes leurs facultés ſont employées au bien public, & le bien public eſt le mien.

L'homme peut-il ſe promettre un plus grand bonheur en ce monde? eſt-il quelque choſe dont il puiſſe retirer d'auſſi grands avantages que de l'amour de la ſociété à laquelle il eſt lié? comment pourroit-il ne pas être pénétré des ſentimens qu'il lui doit, & refuſer d'être heureux à ce prix? Il n'a point de devoirs aussi bien établis & d'une aussi grande importance; il retire tout de la société, il doit tout lui sacrifier; rien ne lui permet de faire des exceptions; la molesse honteuse & l'égoïsme dangereux sont les seuls prétextes qu'il pourroit objecter. *Tout homme doit travailler au bien public.*

Fin de la première Partie.

SECONDE PARTIE.

Tout homme peut faire le bien public.

ÊTRE sans passions déréglées, connoître la vérité & s'y attacher, méprifer des biens dont le defir & la jouiffance peuvent également troubler la vie, font autant de conditions néceffaires à la félicité, autant de moyens qui nous y conduifent. L'exercice des vertus fociales nous en affure la poffeffion : il eft doux de trouver en foi de quoi fe rendre utile à fes femblables, & tous les hommes font dans ce cas. En effet, quel eft celui qui par les facultés de fon efprit, celles de fon corps, celles de fa fortune, ne foit pas en état de remplir le devoir important de citoyen ? L'invention, l'inftruction & l'imitation procurent des avantages réels à la fociété.

Le premier homme a été le premier philofophe ; nous avons tous naturellement le pouvoir de penfer & de réfléchir ; cependant il y a bien de la différence entre l'hom-

me livré à fa nature, & l'homme éclairé
de la philofophie artificielle. C'eft par l'i-
dée que nous nous repréfentons les objets ;
mais qu'il eft facile d'en embraffer de fauffes ! Combien de qualités qui nous échap-
pent ! Combien d'erreurs qui nous fédui-
fent ! Quelle obfcurité dans notre maniere
de concevoir ! La philofophie prévient ces
défauts ; elle rectifie nos idées, arrête la
précipitation de nos jugemens, & nous
fournit les moyens de ne prononcer qu'avec
certitude. La méditation, l'attention, la
fufpenfion font autant de fources de vérité ;
la converfion, l'oppofition, l'équipolence
enfeignent à l'exprimer de diverfes manieres. L'intellect du philofophe eft femblable
à un miroir pur dans lequel les objets font
peints avec leurs couleurs naturelles ; c'eft
un portrait exactement conforme à l'original ; le pinceau qui l'a gravé eft exact,
aucun trait n'a pu lui échapper. Il eft beau
de dire : je penfe, & ce que je penfe eft
vrai ; mon ame eft inacceffible à l'erreur,
ma conception me fuffit pour conclure à
la réalité ; des idées vraies excluent nécef-

fairement un jugement faux , la fource de
la vérité ne peut produire le menfonge.
L'aveuglement de l'homme eft toujours le
principe de la corruption de fon cœur;
mais la philofophie, en éclairant fon efprit,
lui fait connoître fes véritables devoirs ,
& le dégage de la région des ténebres où
il étoit plongé. Elle lui fait connoître toutes les propriétés de la nature; les parties
les plus intimes des corps, leurs rapports,
leurs proportions exactes font autant de
regles qu'il apprend à confulter dans les
différentes circonftances. L'œil du philofophe parcourt en un inftant les deux hé-
mifpheres, les diftances qui féparent leurs
parties ne l'arrêtent point, rien n'échappe
à fa vue. Les tréfors que la terre renferme
dans fon fein font devenus ceux de l'homme, l'élément terrible qui environne le con-
tinent n'a rien d'affreux pour lui, il a trouvé
le moyen de le foumettre à fes loix, il va
lui enlever les biens immenfes qui fembloient autrefois devoir être à jamais
abforbés dans fes abymes. Ce qui dans un
tems a exigé le bras d'un Dieu tout puif-

fant, n'eſt plus que l'effet des talens d'un philoſophe : le peuple juif eſt tourmenté par une ſoif ardente qui le conſume ; Moïſe reçoit ordre de frapper le pied d'un rocher dont il fait couler un torrent qui innonde le déſert. Je reconnois la bonté de Dieu dans cet événement ; mais un philoſophe habile eût trouvé un moyen naturel de faire ſortir de la terre une fontaine capable de déſalterer des millions d'hommes.

La brillante harmonie de ce vaſte univers a frappé d'étonnement tous ceux qui en ont été témoins, les prodiges de puiſſance que nous y voyons excitent notre admiration, & tous les ſiecles y reconnoîtront un auteur auſſi ſage que grand ; mais le philoſophe ne ſe borne pas à une vaine admiration, il s'éleve juſqu'à la région céleſte, il ſuit dans leur courſe rapide ces globes de feu qui paroiſſent inacceſſibles à l'œil même, il parcourt leurs différens cercles, leurs ſituations reſpeſtives, leurs mouvemens relatifs lui ſervent à eſtimer leurs influences ſur la terre ; inſtruit dans le ciel même, il vient enſuite apprendre aux hommes, les tréfors qu'il renferme & la maniere dont ils peuvent en jouir, il leur infpire de la reconnoiffance pour l'auteur de la nature & leur fait connoître fa puif-fance & fa bonté infinies. Que ne doit-on pas à des hommes, qui ont confacré leur. tems à ces travaux fi importans ! Pour-roient-ils procurer de plus grands avanta-ges à leur patrie & au monde entier? Pour-roient-ils être des citoyens plus vertueux & plus zélés; l'amour du bien public inf-pire toujours des moyens de le faire, & ils ne manquent pas à celui qui en eft bien pénétré.

La vie de l'homme paffe comme un jour, elle eft femblable à une fleur dont l'éclat difparoît en un inftant; le matin qui l'a vu naître, la voit mourir le foir. Le tems qui s'écoule rentre dans l'abyme dont il eft forti, il échappe à celui qui veut en jouir. Les actions des hommes pourroient difpa-roître, avec les fiecles qui en ont été té-moins; mais le zele pour l'ornement de l'efprit humain a fu faire revivre les morts, & foumettre à nos yeux les tems les plus reculés. L'histoire, cette source d'instructions & de vertus, nous montre & la honte & la gloire des peuples; elle nous fait vivre avec nos peres, nos princes & nos amis : les villes que le feu a consumé, les hommes que le fer a détruits subsistent encore, en quelque façon pour nous. Brillantes cités, vos superbes édifices, vos temples, vos portiques, vos palais excitent encore notre admiration; je vois encore ces monumens que vous avez élevés à la gloire de vos défenseurs, ces trophées que des mains vertueuses ont élevés en l'honneur de la vertu. Je vois Rome maîtresse du monde & Carthage lui en disputer l'empire, Athenes me montre des savans, & Sparte des citoyens. Leurs ennemis & les tems ont pu abattre leurs palais & leurs murailles; l'historien les a relevés & les tiendra toujours, leur gloire ne s'effacera jamais, elle est immortelle comme les dieux. Généreux guerriers, princes bienfaisans, magistrats illustres, ne craignez point la mort, elle est pour vous une source de vie; vos exploits seront transmis à la postérité ; votre courage, votre bienfaifance, votre magnanimité, votre juſtice ſont chers aux peuples, leur ſouvenir parlera toujours en votre faveur, vous ſerez grands dans le tombeau même; votre cendre glorieuſe inprimera du reſpect, le voyageur ému à la vue de vos mânes, vous admirera ; ſes yeux baignés de larmes exprimeront l'hommage attendriſſant que vous rendra ſon cœur, & l'hiſtorien, en traçant votre vie forcera tous les hommes à dire: ils furent grands, ils furent vertueux, ils furent honorés & ils le méritoient. Qui pourroit penſer aux grecs & oublier leur retraite glorieuſe ! le nom de ſpartiates, n'emporte-t-il pas celui des plus zélés citoyens? Etre romain & ſoldat courageux, n'ont - il pas été une même choſe ! On ne voit Annibal qu'à la tête des armées, i ls'y montre auſſi grand général que zélé pour les intéréts de Carthage ; l'idée de Licurgue eſt inſéparable de celle du plus ſage des légiſlateurs.

L'hiſtoire ne nous apprend pas ſeulement les différentes révolutions auxquelles les peuples ont été ſujets, la niaſſance , la gloire & la décadence des empires; elle ne nous propofe pas feulement les actions héroïques & les foibleffes des grands hommes, comme un motif de vaine curiofité, d'admiration ftérile, ou d'improbation fpéculative, mais comme autant de leçons où les hommes peuvent s'inftruire de leurs devoirs; ainfi; la conduite du prince équitable & bienfaifant, eft un modele que tout prince doit imiter. L'injuftice, la moleffe, la tyrannie, font retracées pour avertir les rois qu'ils font foibles & qu'ils doivent éviter des vices que tous les fiecles ont eu en horreur & qu'ils défapprouvent eux-mêmes. Le général qui fuit les conquérans dans les combats s'inftruit à leur exemple, au défintéreffement, à la générofité, à la bravoure, il découvre la caufe de leurs malheurs comme celle de leurs triomphes; il apprend fous eux à vaincre, & à être vaincu, à ufer de la victoire & à réparer fes pertes. Si l'expérience propre eft le plus grand de tous les maîtres, l'expérience d'autrui eft le fecond : il eft effentiel de connoître la vertu dans fon exercice; mais il ne l'eſt pas moins de ne connoître le malheur que dans les autres. C'eſt dans l'hiſtoire que le juge apprend à reſpecter les loix, à les faire obſerver & à ſentir l'importance de ſes devoirs; forcé d'eſtimer la vertu & de blâmer le vice, il s'accoutumera à pratiquer ce qu'il a aimé dans les autres & à éviter ce qui lui a inſpiré de l'horreur. Le citoyen peut-il ne pas aimer ſa patrie lorſqu'il a ſous les yeux des modeles accomplis de l'amour du bien public? Des hommes qui ſacrifient tout ce qu'ils poſſedent & ſe dévouent à la mort pour le ſalut & la gloire de leur pays, ne ſont-ils pas dignes d'être imités? Puis-je, ne pas aimer un bien quand je vois tous les hommes le chérir? Puis-je, ne pas m'intéreſſer à la proſpérité de ma patrie, lorſque je vois qu'elle eſt l'objet des vœux d'un peuple entier? C'eſt dans l'hiſtoire que les grands apprennent à être grands & les riches à être riches: les maîtres du monde dépouillés du faſte des grandeurs, ne nous y diſent-ils pas que la vertu ſeule nous éleve éternellement, des tréſors employés à ſoulager les pauvres & toujours ouverts à l'indigent ! n'apprennent-ils pas aux riches que leur opulence ne doit les diſtinguer que par l'uſage qu'ils en font ? L'intérêt ſordide, le gain honteux, la cruelle avarice peuvent-ils avoir accès dans une ame qui ſent que ſes biens ſont ceux de la ſociété & qu'ils n'ont de prix qu'autant qu'ils ſont des moyens de ſatisfaire les plus douces inclinations de l'homme , la bienfaiſance, la généroſité, la reconnoiſſance ?

Nous avons tous reçu la faculté de nous communiquer nos penſées ; mais le don du créateur quelque précieux qu'il ſoit, paroît bien léger à celui qui le ſépare de la perfection qu'il a acquiſe. L'eloquence a des charmes qui nous flattent avec raiſon , on ne peut trop apprécier les avantages qu'elle nous procure. La délicateſſe d'un diſcours, la fineſſe de la tournure, le choix des expreſſions étoient preſques inconnus autrefois, mais des hommes toujours zélés pour la perfection de l'homme n'ont rien omis de ce qui pouvoit contribuer à en faire un être plus accompli : les penſées les plus fublimes perdent de leur prix lorfqu'elles ne font pas exprimées de la même maniere qu'elles font conçues. Les actions les plus héroïques font moins d'impreſſion fur les hommes lorfque le pinceau qui les trace eſt peu naturel & groſſier. Quels effets n'a pas quelquefois produit fur l'efprit & le cœur des auditeurs, un difcours plein de force & qui réuniſſoit les agrémens à la folidité, la grace à la grandeur; le fentiment fe peint fur les levres, l'oreille flatée eſt plus attentive, elle eſt un chemin plus facile pour parvenir au cœur. La vérité a moins d'attraits quand elle eſt moins bien exprimée, les beautés du difcours contribuent autant à la perfuafion que la folidité des raifons. Ce talent eſt foumis à des regles, & quoique tout le monde ne foit pas à même de s'en inſtruire dans la plus grande perfection, il n'eſt perfonne qui ne puiſſe le faire aſſez pour exprimer fes penſées de la maniere la plus propre à infpirer aux autres des fentimens conformes à fes defirs. Un mot bien choifi & qui contient, un grand fens, fuffit quelquefois pour imprimer

mer

mer la crainte, le respect, le courage ; quelques paroles pleines de graces, placées avec
adresse, prononcées avec force & convenablement aux circonstances, ont été la
source des plus grands biens. Combien de
batailles qui n'ont été gagnées que parce
que les généraux, avant le combat, ont su
inspirer aux troupes une bravoure qui les
rendoit capables des plus grands exploits !
Combien de séditions qui ont été appaisées
par un seul mot qui changeoit en un instant l'esprit d'un peuple entier ! L'opinion
que nous avons des hommes ne dépend-
elle pas souvent de la maniere dont ils nous
font dépeints ? Le mépris ou l'estime n'en-
trent-ils pas dans notre ame selon l'élocu-
tion de celui qui veut nous inspirer l'un ou
l'autre de ces sentimens ? L'amitié & la ten-
dresse font des dispositions du cœur qui
dépendent, pour l'ordinaire, des discours
dont nous nous servons pour les faire naître.
Ceux qui nous ont laissé le grand art de
peindre nos pensées sous des couleurs par-
lantes, nous ont fourni des moyens puis-

fans de perfuafion & de liaifon avec les
hommes.

Examinons de plus en plus les différens
avantages dont nous fommes redevables à
l'invention. Nous reconnoîtrons mieux l'importance de travailler au bien public & la
facilité de le faire. Qu'y a-t-il qui montre
mieux le génie de l'homme & la confiance
qu'il doit avoir en fes forces, lorfque fon
travail eft foutenu par le defir de fe rendre utile à fes femblables, que cette multitude d'arts dont nous jouiffons dans tous
les inftans de notre vie? Quels prodiges
ne nous offrent pas ces édifices qui frappent agréablement notre vue & réuniffent
toutes les commodités que l'homme peut
defirer dans une habitation. D'une part on
voit la magnificence avec toute fa fplen-
deur, & de l'autre on voit l'utile avec tout
ce qui le conftitue. Quelle adreffe, quelle
folidité dans les deffins de l'architecte! des
bâtimens immenfes, des colonnades multipliées & d'une hauteur peu commune,
une difpofition pleine de grandeur, ont
d'autres avantages que d'affecter agréable-

ment nos yeux. Si j'entre dans un temple,
sa magnificence imprime dans mon ame
une crainte filiale pour la majesté du Dieu
qui l'habite; sa beauté est un témoignage
de la vénération des hommes pour l'Etre
éternel devant qui je me présente; je crois
voir le sceau de la divinité sur chaque partie
qui compose ce lieu, & les murailles mêmes
m'apprennent à le respecter. J'éprouve à
l'aspect des palais des princes un certain
sentiment difficile à définir; les beautés que
j'y admire, semblent me dire tout haut:
c'est ici la demeure d'un roi, d'un pere
du peuple, d'un défenseur de l'état; c'est
ici que reposent les vertus à l'ombre des
lauriers.

Il est permis d'être grand; il est permis
d'être riche; & quoique la vraie grandeur
soit dans le cœur, & la vraie richesse dans
le bon usage que l'on fait de ses biens, les
grands & les riches peuvent raisonnable-
ment avoir quelques marques extérieures
de leur état & faire des sacrifices à leur
gloire & à leurs plaisirs; c'est ainsi qu'il
faut entendre tout ce que j'ai dit précédem-

ment à cet égard; je n'ai déclamé que contre l'abus des chofes, & il eſt toujours ré-
préhenſible.

Une ville où je remarque des édifices
ſuperbes, des ornemens pompeux, me fait
penſer; il y a ici des grands, des hommes
dont le rang mérite d'être honoré & reſ-
pecté; il y a des citoyens riches; la ſociété
que ces murs renferment poſſede des tréfors qui font le plaiſir des uns & la confo-
tion des autres. Mon cœur eſt agréablement
affecté, en réfléchiſſant que la bienfaiſance
n'eſt pas un ſentiment inutile qui ne peut
être réduit à l'acte, & que l'indigence a
des reſſources réelles contre les maux attachés à ſa ſituation. Nous participons tous
dans différens degrés aux biens qu'a produit l'invention ingénieuſe de l'architecture,
tandis que les hommes habitoient des chau-
mieres & qu'ils ſe contentoient de prévenir
les injures de l'air & les rigueurs d'une tem-
pérature incommode, ils vivoient plus heureux, ſans faſte & ſans ſplendeur; mais la
chaumiere ne faiſoit pas leur ſimplicité.
L'homme a droit de s'applaudir d'avoir

appris à pourvoir avec plus d'aifance à fa fûreté & à fes befoins. L'art de conftruire
des maifons auffi agréables qu'utiles, mérite des éloges & de la reconnoiffance de
la part de tous ceux qui en jouiffent.

L'amour de la perfection, en toutes
chofes, a fait éclorre parmi les hommes
des talens qui nous offrent un fpectacle de
plus en plus digne de notre attention. La
fculpture contribue à l'ornement des temples, des palais & des maifons. Elle peint
les hommes & leurs exploits d'une maniere
encore plus fenfible que l'hiftoire & la parole. Un hiéroglyphe, un emblême font
fouvent plus éloquens qu'un difcours bien
fleuri; ils frappent nos fens & nous infpirent la vertu; le cœur eft ému à la vue de
la grandeur qui lui eft repréfentée; & ces
monumens, fplendides fruits d'une adreffe
furprenante, font des témoignages ineffa-
çables des honneurs que l'on rend à la vertu.
Qu'il eft beau de voir la matiere infpirer
des fentimens! Le marbre qui s'amollit
fous la main de l'ouvrier & prend la forme
qu'il veut lui donner, ne nous dit-il pas

que l'homme est capable de tout, & qu'il trouve en lui des sources infinies de biens aussi précieux qu'utiles?

La peinture met sous nos yeux tout ce que nous pouvons imaginer, elle nous montre la nature entiere avec ses agrémens & ses imperfections; l'homme avec ses vertus & ses vices; le ciel avec tous ses trésors. Le fils tendre & reconnoissant peut avoir sous les yeux l'image de son pere; l'amant peut dévorer en secret les charmes de sa maîtresse; il n'est personne qui ne puisse voir l'image de ceux qui lui ont été chers, & dont le souvenir lui est encore agréable. La peinture est aussi une source de leçons qui font nécessairement impression sur nous. Le tableau qui me représente le Christ mourant est plus éloquent que les discours apprêtés d'un prédicateur; le géneral que je vois à la téte des armées avec toutes ses marques de bravoure, me persuade plus facilement qu'il fut vaillant guerrier. L'affection d'un pere, les tendres caresses d'une mere se peignent mieux qu'elles ne s'expriment. Louis XIV m'inspire nécessairement du courage lorfque je le vois dans la mêlée partager tous les dangers', auffi vaillant foldat que grand roi. Puis-je ne pas être bienfaifant à l'afpect d'Henri IV, pardonnant généreufement à fes ennemis, & accueillant fes fujets comme fes enfans? Le traître à qui je vois répandre le fang d'un innocent, m'infpire de l'horreur ; le crime peint fous des couleurs naturelles, me frappe, il me paroît réalifé en quelque façon ; je fens mon bras fe mouvoir pour défarmer un parricide ; une mere mourante au milieu de fes enfans éplorés, m'arrache des larmes ; mon ame fenfible aux impreffions qu'elle reçoit d'un tableau parfait, en devient plus propre à pratiquer les vertus qui l'ont charmée & à fuir les vices. pour lefquels elle a conçu de l'horreur.

Tous les peuples ont eftimé la mufique & en ont été avides ; elle excite au plaifir ; il eft louable d'avoir concouru au degré de perfection où elle eft élevée aujourd'hui. Des fons doux & mélodieux affectent trop agréablement mes fens pour ne faire aucune impreffion fur mon ame, ils lui infpirent

la tendreffe, l'amour, le regret; je foupire
avec l'amante qui exprime fa douleur; l'inftrument qui peine fa fituation modifie mon
ame fuivant fes accens. La crainte, la terreur, l'effroi, la joie, la fierté & toutes
les paffions m'agitent malgré moi, lorfque
j'entends les fons qui les repréfentent. Le
tranfport d'un muficien, foit qu'il écoute,
ou qu'il exécute, prouve combien la mufique a d'empire fur les hommes. Ce que
l'on rapporte de ceux qui ont été piqués
de la tarentule ne permet pas de douter que
l'ame, dans quelqu'état qu'elle fe trouve,
ne peut réfifter aux impreffions de la mufique. Je hais, j'aime fucceffivement, & je
fuis affecté d'une maniere relative aux fons
qui me parviennent; les oifeaux eux-mêmes y font fenfibles. Que l'on chante ou
joue de quelqu'inftrument près d'une vo-
liere, on en verra les oifeaux refter immobi-
les, témoigner, par leur attention & leurs
doux gazouillemens, combien ils font agréablement affectés. Le berger, en s'égayant
avec fon flageollet, fe fait fuivre de fon
troupeau. Les impulfions de la mufique font

donc fenfibles fur tous les êtres; & puis qu'elle eft agréable aux hommes, elle eft utile à la fociété.

L'agriculture devroit être le premier des arts, puifqu'il nourrit les mortels. Le laboureur qui arrofe la terre de fes fueurs, & la force de nous payer un tribut annuel, ne doit pas nous paroître moins précieux qu'il ne l'a été à tous les peuples. Rome choifit fes chefs parmi les cultivateurs de fes campagnes, & le front ceint de lauriers, ils ne dédaignerent point leur premiere profeffion. Des mains qui avoient porté le glaive vengeur des intérêts de la patrie & l'inftrument de fa gloire, s'honoroient enfuite de tenir le foc de la charue. Un efprit qui embraffoit l'univers entier, fe bornoit à cultiver un modique efpace de terrein. Auffi grands aux champs qu'à la tête des armées, les Romains eftimoient le cultivateur dans le général, & celui-ci dans le cultivateur; moins jaloux de leur gloire particuliere que de celle de l'état, leur zele ne fe ralentiffoit point aux fortir des occupations faftueufes, rien ne leur paroiffoit petit & indigne que de participer aux avantages de la société sans y contribuer.

A qui sommes nous redevables de toutes les commodités dont nous jouissons? N'est-ce pas à l'artisan, au mercenaire, dévoués à notre service & que nous couvrons injustement de mépris? Nos maisons, nos meubles, nos vêtemens, notre nourriture même, ne sont-ils pas l'ouvrage de leurs mains? Des hommes qui emploient tout leur tems & toutes leurs forces aux travaux les plus pénibles, ne remplissent-ils pas le devoir de citoyen? Est-il un seul d'entr'eux qui n'ait des droits à notre reconnoissance?

Tous les biens dont jouit la société sont le fruit du zele que ses membres ont eu pour ses intérêts. Considérons les loix divines & humaines; nous reconnoîtrons dans leur établissement, l'amour du bien public, & elles nous fourniront des moyens d'y concourir. Dieu est bien l'auteur immédiat de l'établissement & de la propagation de la religion, la goire dont elle jouit est l'ouvrage de celui qui inspire la vertu, & est le souverain arbitre des cœurs; mais les

hommes ont été les inſtrumens de ſes mi-
ſéricordes, c'eſt par eux qu'il a voulu faire
connoître la ſainteté de ſes loix & en venger la vérité contre ſes agreſſeurs. Il falloit
qu'elle eut des protecteurs & des défenſeurs
parmi nous, elle en a eu effectivement,
& l'on peut dire que la religion protégée
du ciel, doit à l'eſprit & au cœur humain,
la gloire dont elle a joui. Quel eût été ſon
ſort, dès ſon berceau, ſi tous les Apôtres,
ſemblables à Judas, euſſent concourru à la
mort du Chriſt & euſſent préféré trente
deniers à la vertu? Ne falloit-il pas un zele
infatigable & un amour ardent du ſalut des
hommes pour les décider à entreprendre de
faire accepter au monde entier une religion
contraire à tous les plaiſirs, à tous les préjugés & à tous les faux principes qui avoient été
adoptés, une religion que ſes myſteres ren-
doient ſuſpecte & dont les pratiques auſteres, révoltoient notre nature corrompue?
Ne ſemble-t-il pas voir dans les Apôtres
une poignée d'hommes ſans force, ſans
adreſſe, ſans ſecours entreprendre la con-
quête du monde? Quel amour de l'huma-

nité ne leur a-t-il pas fallu pour réfister
de fang froid, aux menaces des princes, à
la haine des peuples & aux tourmens les
plus affreux ? qu'il a du être étonnant de
les entendre dire au milieu des buchers ardens : ô hommes ! nous fouffrons avec plaifir les fers, le feu & la mort, pour la vérité & pour vous ; notre attachement a été
le principe de votre haine & des peines que
nous endurons ; mais nous nous eftimons
heureux de verfer jufqu'à la derniere goutte
de notre fang, fi notre mort vous devient
un témoignage conftant de la vérité & un
gage certain du zele qui nous anime pour
vos véritables intérêts. A qui tous les peuples font-ils redevables de la connoiffance
du vrai Dieu & de leurs devoirs les plus importans? N'eft-ce pas à l'homme apoftolique
qui à tout facrifié pour le falut de fes femblable ? Combien de nations ignoreroient
encore aujourd'hui la vérité & feroient plon-
gées dans les ténebres du paganifme infenfé,
fans les prodiges de vertus que la religion
a produits? Préchée dans fon principe, par
tout l'univers, elle n'auroit pu jetter d'affez

profondes racines dans les esprits pour y
subsister longtems par elle-même; les peuples étoient trop amis de leur religion primi-
tive & sur-tout de leurs préjugés pour abandonner l'une & les autres, & il falloit pour y
parvenir, que Dieu suscitât, comme il l'a fait,
des prédicateurs, zélés & infatigables. L'é-
glise a toujours été semblable à un vaisseau
menacé d'une tempête dangereuse, toujours prêt à être submergé & toujours sur-
montant les flots qui paroissent prêts à l'engloutir. Des ennemis de toute espece se
sont élevés contr'elle, des tyrans cruels
sembloient avoir conjuré sa perte, &, dans
son sein même, elle a trouvé des adversai-
res non moins dangereux que ceux qui la
persécutoient au dehors. Des princes trop
amis de l'erreur pour embrasser des vérités inaliables avec leurs principes, faisoient
leurs efforts pour l'éteindre; des hérétiques
de toute espece ont cherché à corrompre
ses vérités fondamentales : tel qu'un royaume ravagé par ses voisins & divisé au dedans, comment eût elle pu résister aux
coups qu'on lui portoit, si Dieu ne l'eût

foutenue conftamment ; en excitant le zele de fes miniftres qui n'ont pas craint d'en fceller la vérité avec leur fang ? Que l'on ne dife point qu'un zele aveugle les a conduit au fupplice ; quand cela feroit vrai pour quelques uns , il n'eft pas moins certain que la plupart ne font montés fur le bucher que dans l'efpoir que leur fermeté , en leur ouvrant le ciel , feroit un moyen puiffant pour faire embraffer une religion néceffaire à tous les hommes. Il en eft encore de ces miniftres charitables qui trouvant leur frere dans l'Indien comme dans l'Européen ne craignent ni les travaux ni les dangers ; des efpaces immenfes les féparent, mais l'amour de l'humanité les rapproche ; les tempêtes affreufes , les dangers d'un trajet exceffivement long, les chaleurs brulantes, les froids glaçans , n'ont rien d'affez effrayant pour les retenir. Ne reconnoit-on pas, dans ces hommes , un amour pour leurs femblables égal à celui qu'ils ont pour eux - mêmes ? Ne font - ils pas dans toute la force du terme , citoyens du monde ? Il fuffit d'être homme pour avoir droit à tout ce qui dépend d'eux. Quel contraste ne fourniffent-ils pas avec le prêtre avide & amateur des plaifirs ! Comparons la fainéantife de la plupart de ceux que nous avons fous les yeux, avec le zele infatigable de leurs peres. Les uns bornent leurs travaux à quelques années d'étude préliminaire, au facerdoce ; & dès lors, ils ne penfent plus qu'à s'affurer les moyens de vivre agréablement ; quelques actes lucratifs font toute leur occupation. Les autres appliqués à montrer en eux-mêmes ce qu'ils vouloient infpirer, paffoient leur vie dans l'exercice des pratiques de la religion, la prédication, la priere & la méditation des divines écritures. Que de fageffe dans leur conduite ! Que de fciences dans leurs exhortations ! Qu'elle force & qu'elle énergie ne voyons nous pas dans les ouvrages des Saints Peres. La loi de Dieu y eft expofée dans le plus grand jour, elle y eft prouvée de la maniere la plus convaincante. Tous les doutes difparoiffent à la vue de ces flambeaux lumineux, l'hérétique confondu eft forcé de convenir de ſes erreurs, il ne peut réſiſter à des armes trop puiſſantes, & ces chefs-d'œuvres de l'eſprit humain ſont des ſources abondantes où l'égliſe peut toujours puiſer la pureté de la doctrine de ſon auteur. Eſt-il ſurprenant qu'une ſociété qui a eu des protecteurs & des défenſeurs auſſi zélés pour ſa proſpérité, ait triomphé de tous ſes ennemis, & ſoit aujourd'hui au-deſſus des traits de ceux qui ſont jaloux de ſa gloire? Quelle ſociété ne jouiroit pas des mêmes avantages ſi ſes membres étoient animés du même eſprit & auſſi amateurs du bien public?

De quelle utilité ſeroient aux hommes les loix humaines ſi l'on en ſéparoit un amour ſincere pour leur obſervation? Les fondateurs des monarchies & des empires auroient cherché en vain à prévenir les injuſtices & à faire rendre à chacun de leurs ſujets ce qui lui appartient; la loi ſeroit ignorée, l'opprimé n'auroit point de défenſeurs & l'oppreſſeur s'enhardiroit au crime par l'impunité. L'amour de la ſociété a prévenu ces maux : il eſt des citoyens dont

dont l'unique occupation eſt l'étude des loix, elles leur ſont connues, de longs & pénibles travaux les ont mis à même d'en faire l'application aux différentes circonſtances. Arrêtés donc, ô hommes dévoués aux crimes! celui qui aime l'obſervation des loix, regarde comme faite à lui-même l'injure que vous faites à un citoyen; il vous forcera de rendre ce que vous avez uſurpé à ſon maître légitime, vos attentats ne lui échapperont point, ils ne ſeront pas impunis. Conſolez-vous, foibles & opprimés, la loi n'eſt pas inutile, elle eſt attentive à venger vos droits, vous avez des défenſeurs; le prince eſt votre pere, l'ami des loix eſt votre ami; vous trouverez toujours dans leur ſein, des remedes à vos peines. Qu'il eſt conſolant pour l'homme de pouvoir confier ſes intérêts à un citoyen qui les regardera comme les ſiens propres, & ſaura lui en aſſurer la poſſeſſion & le mettre à l'abri de toute invaſion de la part des méchans! qu'elle gloire pour une ſociété d'avoir des membres qui travaillent avec déſintéreſſement à ſon bon

K

heur ! L'homme feroit heureux s'il étoit rempli de l'amour de fes femblables ; tout contribueroit à fa tranquillité, rien ne troubleroit fa joie, il lui feroit doux de vivre au milieu de fes concitoyens, parce qu'ils feroient tous fes amis, fon efprit & fon cœur feroient également fatisfaits.

Qu'on me demande à préfent fi tous les hommes peuvent remplir le devoir de citoyen ? il n'eft pas difficile de concevoir qu'il n'en eft aucun qui n'en ait la faculté. Notre raifon nous fait membres de la fociété & le principe des engagemens que nous avons avec elle eft la fource des biens que nous avons droit d'en attendre. La partie raifonnable de notre être eft néceffairement bonne, fes opérations naturelles ont une fin avantageufe ; la partie fenfible a fon utilité propre, l'une dirigée par l'autre produit un double rapport, l'abus feul de nos facultés, peut être un obftacle au bien. Tout homme peut être citoyen, & dans quelque claffe qu'il fe trouve, je vais lui indiquer fes principaux devoirs.

Je ne prétends point m'ériger ici en maî-

tre de sagesse, & propofer une loi nouvelle.
Si je parle des obligations des chefs & des
membres de l'état, ce n'est qu'en qualité
d'obfervateur : d'ailleurs , il est confolant
pour un écrivain de pouvoir perfonnifier la
vertu , & d'y exhorter en propofant des
modeles connus. Le caractere du grand
prince plaira fans doute, quand on y reconnoîtra celui qui nous gouverne : fi je peins
les vices propres de toutes les conditions ,
c'est pour faire briller leurs vertus avec plus
d'éclat.

Les obligations d'un fouverain font infinies ; le nom de roi emporte avec lui l'idée
de toutes les vertus, l'exclufion de tous les
vices ; il a autant de devoirs différens , que
fon état a de relations avec les hommes.
Auffi grand au dehors qu'au dedans, il doit
être redoutable à fes ennemis, refpecté de
fes alliés, cher à fon peuple; la force, l'é-
quité, la bienfaifance doivent caractérifer
toutes fes actions. L'ambition & l'intérêt
particulier font des fources d'injuftice : la
poffibilité d'une invafion peut paroître un
titre pour ofer l'entreprendre; la loi du plus

fort eſt ſouvent la plus reſpectée : il n'y a point de ſûreté où il n'y a pas de moyens d'inſpirer la terreur à ſes ennemis. C'eſt au ſouverain à aſſurer la paix de ſes états & la tranquillité de ſes ſujets. Des troupes pleines de courage, ſoumiſes à une bonne diſcipline, commandées par des chefs qui réuniſſent la ſcience à la valeur guerriere, arrêteront néceſſairement l'exécution d'un deſſein pernicieux; une entrepriſe pleine de dangers ne trouvera point de place dans ceux qui ſauront les apprécier; & ſi la témérité les fait oublier ou mépriſer à quelqu'un, ſes tentatives ſeront ſans ſuccès; il apprendra à reſpecter des droits ſoutenus par des armes invincibles; le peuple jouira ſans trouble de ſes biens à l'ombre des lauriers d'un prince redoutable; le commerçant parcourra en ſûreté les mers, & enrichira ſa patrie des tréſors des étrangers. Quelle ſeroit aujourd'hui la ſituation de la France, ſi le roi ſage qui la gouverne n'eût forcé le ſuperbe Anglois à reſpecter les lys, s'il ne lui eût oppoſé une marine formidable, & s'il ne lui eût appris à trembler aux approches de ſes poſſeſſions?

Mais si la force du prince consiste dans celle de ses troupes, c'est aussi le prince qui doit leur donner la vigueur sans laquelle elles ne sont qu'une vaine ostentation digne de mépris. Si le soldat est regardé comme un esclave, s'il est traité comme tel, il servira en esclave; & que pourra-t-on alors attendre de lui? quelle gloire pour un prince de commander des ames viles ! quel espoir pourra-t-on fonder sur des hommes auxquels le poids des armes est un fardeau insoutenable, & la subordination odieuse? de quoi ne seront-ils pas capables pour se soustraire à un état pénible, à une condition honteuse, à des traitemens durs, à une situation pleine d'horrreurs, à une maniere d'être contraire aux sentimens naturels & à l'amour de soi-même? Quel motif pourroit animer un soldat traité comme un lion enchaîné pour les combats? seroit-ce l'amour de la gloire? elle est particuliere aux généraux & aux officiers; eux seuls en profitent : les exploits sont l'ouvrage du soldat, & le soldat est méprisé & avili : seroit-ce le foible subside qu'il en reçoit? à peine le met-il en état de subvenir à ses besoins les plus pressans. Il n'est pas d'instans de sa vie qui ne soit marqué par quelque privation difficile. Si le préjugé a tout fait dépendre de l'argent, quelle doit être la situation de celui qui n'en a jamais? On plaint un malheureux qui n'a pour vivre qu'un fruit modique du grossier travail de ses mains; un soldat, qui est restraint à un salaire bien inférieur, n'est-il donc pas beaucoup plus à plaindre?

Quelle différence, lorsque le prince reconnoissant l'homme dans le soldat qui le sert, fait adoucir sa condition & animer ses travaux par un espoir consolant! Il étoit réservé au plus grand des monarques d'élever un temple aux vertus guerrieres, où ceux qui ont servi la patrie vinssent jouir en paix de leur gloire, à l'ombre des lauriers qu'ils ont cueilli dans les combats, & sous les auspices d'un roi dont ils ressentent à chaque instant les bienfaits. La France seule a su inspirer à ses anciens guerriers le courage & la reconnoissance; il n'en est aucun qui ne porte sur lui l'insigne de sa valeur, & un gage certain de la bonté de son prince.

Les devoirs d'un souverain ne se bornent pas à assurer les possessions de ses sujets, & à repousser ceux de ses ennemis du dehors qui voudroient porter atteinte à ses états : son intérêt privé suffit pour l'y déterminer ; il peut être grand guerrier sans être grand roi : les qualités du premier sont la force, le courage & la prudence ; celles du second sont l'économie, la justice & la bienfaisance. Les biens des particuliers sont ceux de la société, & le souverain en étant chef & premier membre, a droit d'en disposer quand les intérêts & le bonheur de ses sujets l'exigent ; mais personne ne peut être privé de ce qu'il possede que par une autorité bien fondée, pour une fin légitime qui doit toujours être l'utilité publique. Un roi doit prévenir les désordres qui attentent aux propriétés de ses peuples ; celui qui en souffre le moins est le plus estimable, & l'on ne peut assez admirer à cet égard le prince sage qui gouverne aujourd'hui la France : il reçoit de ses ennemis mêmes des éloges qui lui sont dûs à de trop justes titres, pour ne pas les rappeller au lecteur.

K iv

L'équité doit être le caractere principal d'un roi; l'état ne peut subsister, si son chef n'a cette vertu : l'obligation en est trop bien établie, pour être violée avec connoissance & une volonté déterminée; mais elle a trop d'étendue pour qu'aucun de ses détails n'échappe à la pénétration d'un seul homme, & à un esprit qui ne peut tout embrasser; les biens, la vie & l'honneur des particuliers sont sous la protection du roi; c'est à lui à veiller à leur conservation : punir le crime & recompenser la vertu sont des devoirs essentiellement liés avec l'idée de justice. Le prince ne peut l'exercer lui-même; il doit donc en remettre la fonction à des hommes vraiment dignes de la remplir : cependant quelle opinion peut-il avoir de quelqu'un dont il sait à peine le nom, & entre les mains de qui il est obligé de remettre les intérêts de ses peuples, sans être assuré s'il a les dispositions nécessaires pour les conserver. Un nom qui sonne bien, plaît plus qu'une ame qui pense bien; la naissance & la protection sont des titres certains pour parvenir aux emplois honorables : l'un & l'autre mérite des égards, mais ils ne doivent pas s'étendre jufqu'au point de négliger les qualités perfonnelles. On pourroit favoir véritablement la capacité de l'homme que l'on propofe, & ne pas s'en rapporter à un oui de la part d'une perfonne fufpecte en ce qu'elle peut favorifer. Les charges qui ne s'accordent pas à la faveur font vénales ; un homme avec un nom qu'il achete & une fortune brillante, fera bientôt placé avec diftinction ; & le même argent qui aura fait d'un fot un pere du peuple, lui fervira encore à s'élever à un plus haut degré d'honneur, & à des charges plus importantes. L'on ·dira fans doute qu'on examine les fujets propofés, & qu'ils ne font admis qu'après avoir été jugés dignes des faveurs qu'ils follicitent. Je n'ignore point qu'il exifte quelques formalités propres à fervir de voile à ce que ces promotions ont de honteux ; mais ce font de fimples formalités que tout riche ignorant peut remplir, & je doute qu'il en foit un feul qui, avec beaucoup d'argent, ait été jugé incapable d'exercer la place qu'il follicitoit indignement. Ces abus naiffent peut-être de la difficulté qu'éprouveroit un prince à étendre son attention sur tous les objets particuliers; &, en favorisant la noblesse ou autorisant les charges, il ne croit point exclure le mérite personnel ni la justice des tribunaux : cependant la fortune des sujets passe dans des mains étrangeres; l'honneur des familles est blessé impunément, & il n'est point de juste possesseur qui ne soit quelquefois privé de son bien. Les loix rigoureuses ne sont pas d'ailleurs celles dont l'observation plus exacte est nécessaire; il faut, dans certaines circonstances, consulter plutôt l'esprit qui éclaire, que la lettre qui tue; mais toute grace qui tend au détriment de quelqu'un est abusive, tout vol exige une restitution, toute injure demande une réparation; quiconque a souffert quelque dommage de la part d'un autre a des droits fondés sur la justice; si elle lui refuse la protection qu'il en attend, elle le réduit à la cruelle alternative, ou de se venger lui-même, ce qui est un nouveau crime, ou de souffrir sans se plaindre. Un prince doit donc veiller scrupuleusement à ce que

les loix foient obfervées dans fes états ; la
protection n'y doit jamais prévaloir contre
le bon droit : tous ceux qui partagent l'autorité doivent prêter une oreille attentive
aux cris de l'opprimé ; tous les hommes ont
droit à la juftice, il doit donc être permis à
tous les hommes de la demander.

Les maux qui regnent dans le monde
font un problême que les philofophes n'ont
pas encore pu réfoudre : le crime impuni,
le vice approuvé, la vertu avilie, le mérite
fans récompenfe frappent tous les hommes, & tous y donnent les mains. Le théologien qui ne confidere ni la nature ni l'o-
l'origine des chofes, les regarde comme un
effet néceffaire de la providence de Dieu :
l'impie s'en fert comme d'un motif pour
blafphémer le Ciel : l'un & l'autre s'écartent
de la faine raifon : Dieu n'autorife pas ces
maux, mais il ne doit pas changer la nature
de l'homme pour les détruire ; ils ne font
pas néceffaires, puifqu'ils font l'effet d'une
corruption qui ne nous eft point effentielle.
Un feul homme peut y remédier en quelque façon, l'équité lui en fait une loi : rien

n'échappe à une bienfaifance éclairée, & cette derniere qualité eft indifpenfable à un fouverain. Il doit prendre des moyens pour connoître le mérite de fes fujets, il doit favoir l'apprécier & le récompenfer: il faut à l'homme un principe d'émulation pour l'animer au bien, & quel fera-t-il pour celui qui n'attend aucun fruit de fes travaux? La plus douce récompenfe d'une bonne action eft, il eft vrai, de l'avoir faite; mais elle n'eft pas incompatible avec une autre d'une nature différente. Si la reconnoiffance n'eft pas une chimere, elle doit être effective, & la fociété doit diftinguer dans fes dons celui qui s'eft diftingué par fon amour pour elle. Les capitales ne renferment pas feules des hommes de mérite; elles ne contiennent pas tous les talens; pour n'avoir point de protections à la cour, on ne doit pas être privé des moyens de faire le bien, & des récompenfes qui y font attachées. S'il eft vrai que le tréfor public foit infuffifant, il ne l'eft point que les reffources d'un état ne font pas infinies; il eft feulement queftion de favoir en tirer parti & les modifier: alors toutes les faveurs pourront réellement être accordées au mérite, & il n'y aura point de mérite fans récompenfe. Le prince occupé du bonheur de fes fujets ne le defirera pas inutilement; il fera leur protecteur, leur bienfaiteur, leur pere : pourra-t-il mieux remplir fes devoirs, ne pas être cher à fes peuples, ne pas être heureux?

S'il eft important à un état d'être foumis à un chef qui veuille fincérement fon bonheur, il ne lui eft pas moins néceffaire d'avoir des miniftres qui, participans à fes deffeins, participent auffi à fes vertus. Ceux qui partagent l'autorité d'un roi fage doivent être animés d'un même efprit que le fien, & ne jamais altérer fa volonté. Un miniftre capable d'abufer de fon crédit perdroit infailliblement un royaume; la confiance du fouverain lui feroit un moyen fûr pour furprendre fa religion; il l'aveugleroit fur la nature du bien, & l'engageroit facilement dans le mal. Il n'en eft pas de même d'un particulier & d'un homme public : comme les vertus de celui-ci font un tréfor pour la fociété, fes vices en entraînent néceffai-

rement la perte : s'il eſt ambitieux, il ſacrifiera tout au deſir de s'élever ; tout ce qui
lui paroîtra devoir maintenir ou augmenter ſa gloire ſera pour lui un motif prépon-
dérant à tout autre. Les bonnes qualités de
ſes rivaux ſeront changées en vices, les actions héroïques paroîtront communes, &
le poſſeſſeur d'un honneur qu'il deſire trouvera en lui un ennemi dangereux par ſa puiſſance. S'il eſt flatteur, tout ce qui plaira au
prince méritera ſon approbation ; les conſidérations foibles & ſuperficielles ſeront les
mieux méditées ; les projets les moins ſoli-
des ſeront dignes de louanges. S'il eſt trop
entreprenant, avide de nouveautés, il chan-
gera le bien que ſes prédéceſſeurs auront
fait ; & un établiſſement qui portera ſon
nom lui paroîtra ſeul digne d'être conſervé.
S'il eſt enflé de l'orgueil des honneurs dont
il eſt revêtu, il fera moins ſentir ſon amour
pour ſes devoirs que ſa grandeur : les deman-
des des foibles lui ſeront inconnues ; les
petits n'auront aucun accès auprès de lui ;
les affaires d'appareil ſeront ſeules capables
de fixer ſon attention ; & ſes ſubordonnés

décideront en maîtres du furplus. S'il eft attaché à fes intérêts, il ne fera plus l'homme de l'état, l'homme public, le repréfentant du roi & le protecteur des peuples. Mais s'il penfe que c'eft moins pour lui que pour les autres qu'il eft élevé, & que l'autorité qui lui eft confiée eft l'efpoir de tous ceux qui lui font foumis, on trouvera en lui les fecours qu'on a droit d'en attendre; la veuve & l'orphelin pourront avec confiance répandre dans fon fein les peines qui les affligent : vengeur de l'injuftice, il fera le protecteur de l'innocence, la terreur des méchans, & un appui ferme pour tous les hommes vertueux. Toutes fes vues auront pour objet le bien public & le bonheur des particuliers; il fera grand aux yeux du prince, & cher à tous les membres de l'état.

Parmi les hommes chargés des intérêts de la fociété, il en eft de qui dépend entierement fon falut : le fort de la patrie eft entre les mains d'un général d'armée; fes devoirs font auffi importans que difficiles à remplir l'ignorance des regles de l'art militaire eft dans lui un crime honteux; s'il n'en eft par-

faitement inftruit, chacune de fes actions
eft accompagnée d'un danger prefqu'inévitable : un aveugle ne peut en conduire d'autres. Il eft naturel qu'un général foit animé
par l'amour de la gloire ; mais s'il donne
entrée dans fon cœur à la jaloufie, elle l'engagera dans des démarches dont il connoîtra même les fuites funeftes ; le prince, les
troupes qu'il commande, l'état entier, tout
deviendra néceffairement victime de fon
ambition déméfurée. Si fes intérêts propres
lui font plus chers que ceux de la fociété,
ceux-ci ne feront-ils pas facrifiés à ceux-là?
Les moyens de fe fatisfaire lui feront trop
faciles pour qu'il n'en profite pas : l'ennemi
toujours prêt à tirer avantage des vices de
ceux qu'il a à combattre, fera bientôt affuré
du fuccès de fes deffeins, & parviendra infailliblement aux fins qu'il fe fera propofées,
lorfqu'il aura des moyens fûrs d'y faire concourir celui qui feul peut y être un obftacle.
Mais fi un général eft exempt de foibleffes,
s'il eft inacceffible à la féduction, & qu'une
noble émulation l'anime, on reconnoîtra
bientôt en lui un véritable appui de l'état;

orné

orné de toutes les connoissances relatives à ses fonctions, la prudence lui dictera l'usage qu'il en doit faire : habile observateur, il découvrira tous les dangers qui le menacent, & saura les éviter; il inspirera le courage, & sera lui-même le modele de toutes les vertus guerrieres; les lauriers naîtront sous ses pas; chaque citoyen lui rendra dans son cœur l'hommage le plus pur; sa gloire & la reconnoissance des peuples seront immortelles. Tous les officiers doivent féconder des efforts aussi brillans & se régler sur un modele aussi parfait; chacun d'eux a des devoirs particuliers à remplir, ils doivent être sacrés pour tous. L'amour des plaisirs ne doit jamais les entraîner à une vie molle & fastueuse; ils ne seront jamais plus grands aux yeux des citoyens que lorsqu'ils paroîtront entiérement dévoués à leurs intérêts. La profession des armes est pour tous les hommes un moyen sûr de servir leur patrie de la maniere la plus noble; celui qui en remplit les devoirs avec zele & exactitude, est digne de tous les éloges.

Les intérêts des peuples sont devenus

propres à un magiſtrat; ſon état lui aſſure la confiance publique, c'eſt à lui à la juſtifier. Le devoir de maintenir l'obſervation des loix en renferme une infinité d'autres qui ſont tous également importans. La multitude des crimes a exigé une multitude de loix; la malice des hommes a donné lieu à beaucoup d'abus qui, dans le principe, ſont à peu près les mêmes, mais ſe préſentent ſous différentes formes. L'étude des loix n'eſt pas l'ouvrage de peu de tems & & il s'en faut bien qu'elle ſoit à la portée de tout le monde; elle exige de la ſagacité, de l'aſſiduite & une conſtance à l'épreuve; connoître les hommes & juger les hommes, voilà en deux mots les devoirs d'un magiſtrat : en eſt-il de ſi difficiles, de ſi importans à remplir, & quel eſt celui qui s'en acquitte bien? Eſt-ce celui qui a recherché, accepté ou acheté une charge, plutôt pour avoir un nom & une qualité, que pour ſe rendre utile à ſes concitoyens? Eſt-ce celui qui n'aura conſidéré qu'un faſte extérieur & ridicule, & qui aura non ſeulement méconnu ſes obligations, mais n'aura pas même penſé qu'il en contractoit ? Est-ce celui qui aura regardé une place comme un moyen de parvenir à une autre, comme un degré pour s'élever en apparence & cacher aux yeux des hommes qu'il étoit fait pour être le dernier d'entr'eux ? Non : ce sera celui qui renonçant pour ainsi dire, aux soins domestiques, aux considérations humaines & aux plaisirs, ne fera distinction que des droits sans la faire des personnes ; qui se rendant, sur la terre, image de la divinité même, sera sans passions & inaccessible à la corruption ; celui dont la science, l'intégrité, le désintéressement caractériseront toutes les actions & les jugemens : celui-là, dis-je, méritera vraiment le titre de pere du peuple, de citoyen vertueux & comme il aura rempli une double portion de devoir, il sera doublement honoré.

L'église a aussi dans le zele de ses ministres un grand moyen de contribuer au bonheur des hommes : un prêtre a entre les mains des sources de consolations inépuisables ; peut-il se dispenser d'en répandre sans cesse tandis que les besoins du peuple

en exigent fans ceffe? placé dans le fanctuaire pour méditer la loi divine, inftruire
fes femblables, réprimer les vices, infpirer
les vertus; il n'eft aucune partie de fon tems
qui ne doive être partagée entre l'exercice de
fon miniftere, l'étude & la priere. On peut
confidérer les membres d'un diocefe, ou
d'une paroiffe comme autant de malades qui
exigent toujours la préfence & l'activité du
medecin; s'il ceffe un inftant de les animer,
leur perte eft affurée. Quel eft l'écléfiaftique
qui, chargé du foin des ames, ait pu fe dire,
avec vérité, une feule fois dans fa vie : je
n'ai aucun bien à faire à ceux qui me font
confiées; il n'en eft aucun qui ait befoin
d'inftructions, de reproches, d'exhortations, de confeils; il n'en eft aucun, qui,
par les fecours de mon miniftere facré,
puiffe fe changer en mieux ou s'éloigner
d'un plus grand mal; il n'eft aucun pécheur
qui, par mes prieres & mes foupirs vers
le ciel, puiffe être retiré de l'état où il eft
plongé? Les befoins des peuples font la
loi aux prêtres, l'utilité de chaque particulier leur fait un devoir ftrict d'y travailler. Que doit - on donc penfer des paf-

teurs qui paſſent la plus grande partie
de leur vie à la table, au jeu & aux voya-
ges inutiles? Je ne parle pas de ces déſordres qui, pour être plus criminels n'en
ſont pas moins communs; mais, à ne
conſidérer dans le prêtre, que l'homme
public, on eſt étonné du contraſte, lorſqu'on compare ſa conduite avec ſes devoirs. Je pourrois lui en rappeller les principes & l'étendue; mais, je m'arrête à conſidérer en lui l'homme public. Partageant
l'adminiſtration générale de l'état, il doit travailler plus qu'un autre à ſon utilité; l'ignorance eſt la mere d'une multitude de vices;
s'ils ſont plus communs & plus groſſiers
dans les campagnes, n'eſt-ce pas parce
que les habitans étant trop bornés pour
ſe former eux-mêmes, ce ſoin eſt confié
à des paſteurs dont les inſtructions ſont
trop rares & trop imparfaites? D'où ſor-
tent ces malfaiteurs que la juſtice ſoumet
aux peines les plus terribles? N'eſt-ce pas
preſque toujours des campagnes où l'on
ne ſait ni prévoir ni redouter les châtimens?
Si l'on eſt obligé de punir celui dont la na-

ture groffiere n'a pas été perfectionnée, je
crois que l'on peut au moins blâmer celui
qui, chargé par état, d'infpirer aux hommes l'amour de la vertu & l'horreur du vice, a négligé de s'acquitter de fes fonctions
avec tout le zele qu'elles exigent. Il y a
quelques exceptions à faire : mais la plus
part des curés croyent avoir rempli tous
leurs devoirs lorfqu'ils ont dit la meffe,
confeffé quelques femmes, fait un mauvais
cathéchifme & de tems à autre, un prône
ridicule qui a endormi leurs auditeurs. Les
plus zélés s'échauffent la cervelle & s'ap-
pliquent entiérement à empêcher les payfans de boire & de danfer ; leur but feroit
de faire paffer, dans des exercices fatigans,
les jours confacrés au repos & de n'accorder aucun relâche à des malheureux qui
ont paffé une femaine dans les travaux les
plus pénibles. Vous vous trompez, meffieurs
les Curés, permettez-moi de vous le repréfenter ; fi je me trompe, moi-même,
vous continuerez votre manie ; mais elle
me paroît moins favorable aux peuples qu'à
vos propres penchans. Laiffez boire & danfer vos paroifiens, & comment le leur

défendriez - vous avec justice, tandis que vous avez toujours une bonne table & que vous êtes souvent occupés de vos plaisirs? l'excès n'est pas inséparable de la boisson, & le crime n'est pas attaché à la danse: les récréations publiques ne sont pas les plus dangereuses, & tel qui a passé son tems à danser, l'auroit peut-être plus mal employé. Le Seigneur n'a pas craint qu'en multipliant les urnes de vin, cette abondance devint pour plusieurs une occasion de péché. David, le plus saint des rois, n'a pas regardé la danse comme un crime, elle a été souvent, pour le peuple chéri de Dieu, un moyen de lui marquer sa joie & sa reconnoissance : vous me direz peut - être qu'ils buvoient & dansoient dans le Seigneur ; & moi je vous dis qu'ils buvoient du vin & dansoient avec des femmes & & des vierges. Vous connoissez les cœurs par les révélations qui vous sont faites au tribunal de la pénitence, ou par d'autres moyens: éloignez de la boisson & de la danse ceux qui ne peuvent s'y livrer sans péché, mais ne vous fatiguez pas en pure

L iv

perte à interdire l'un & l'autre indistincte-
ment. L'avis que je vous donne, n'est pas
de moi, il est d'un des plus illustres &
des plus respectables prélats que l'église
de la France ait eu. Je me crois en droit
de vous dire que vous rempliriez mieux
vos devoirs, si vous vous appliquiez à former des citoyens à l'état. C'est en ne mon-
trant pas en vous les suppos des vices que
vous condamnez dans les autres, c'est en
inspirant à vos paroissiens le respect pour
les loix, le prince & les officiers de justice,
en apprenant aux hommes non seulement
les obligations auxquelles ils font soumis
envers Dieu, mais envers la société; c'est
en prévenant les dissensions dans les familles & les communautés d'habitans; c'est
en vous opposant avec un zele prudent
aux rapines & aux désordres dont à peine
vous faites mention; en travaillant à faire
naître dans tous les hommes l'amour du bien
public, que vous vous rendrez dignes vous
mêmes du nom de citoyen, & que vous
satisferez aux obligations que vous imposé
le titre de membre & de chef partiel de
la société.

Un médecin s'eſt dévoué au ſalut du genre humain; il eſt devenu un homme public; il doit ſes travaux & l'uſage de ſes talens à la ſociété, il a pris des engagemens avec elle, & rien ne peut le diſpenſer de les remplir. Comment y ſatisfait-il? eſt-ce lorſque dirigé par un vil intérêt, il proportionne ſes ſoins aux émolumens qu'il eſpere & ne veut les accorder qu'à ceux deſquels il attend de quoi ſatisfaire ſa cupidité? Il eſt juſte qu'il reçoive le ſalaire de ſes peines; ſi le prêtre peut vivre de l'autel, le médecin peut, par la même raiſon, vivre de ſes talens; mais il ne doit jamais manquer de ces égards que dictent la piété, la pitié & la généroſité. Un pauvre ouvrier qui eſt aſſez malheureux pour devenir malade ne peut ſouvent donner un louis que l'on exigeroit de lui pour lui rendre la vie & la ſanté; doit-il, pour cela, être privé des ſecours qui lui ſont néceſſaires? Combien de miſérables habitans des villes & des campagnes périſſent par la crainte de demander des ſoulagemens qu'ils ſeroient hors d'état de payer? Un mé-

decin doit donc être miséricordieux, dé-
sintéreffé, actif, vigilant & toujours prêt
à faire pour tous les hommes ce qu'inspire
l'amour de l'humanité; il doit être prudent, discret & éclairé; fans ces qualités,
il eft moins un médecin qu'un affaffin; fes
fautes font, tout-à-la-fois grieves & irré-
parables. Peut-on apporter trop d'attention lorfqu'il s'agit de la vie d'un homme?
par quel aveuglement s'en trouve-t-il d'affez téméraires pour embraffer des fyftêmes
douteux & en faire des épreuvess fur leurs
femblables? L'ignorance la plus craffe a-
t-elle rien de comparable à des connoiffances acquifes par des moyens auffi odieux?
Ne vaudroit-il pas mieux ôter de deffus
la terre jufqu'au nom même de médecin
que d'en avoir à ce prix? L'amour de la
fociété infpire plus de vertus à celui qui
fuit fes mouvemens; il ne s'engagera jamais envers elle à des fonctions qu'il ne
veut ou ne peut remplir; fi au contraire
il s'en juge capable fon zele & fes talens
lui affureront de la part des peuples une
reconnoiffance due à tous ceux qui travail-

lent à leur bonheur; ils jouiront d'une gloire d'autant plus douce qu'elle leur fera due à de plus juſtes titres.

Il eſt aiſé de concevoir que ceux qui ſont adonnués aux arts & aux métiers, s'acquittent envers la ſociété de ce qu'ils lui doivent. Conſacrer les talens de ſon eſprit & de ſon corps au bien public, c'eſt faire tout ce qui eſt en ſoi : que pourroit-on exiger de plus d'eux? Ainſi le cultivateur qui emploie toutes ſes forces à faire produire à la terre les choſes néceſſaires à la vie; l'artiſan qui ſe dévoue à en procurer les commodités, celui qui s'applique aux ſciences & aux arts plus nobles, rempliſſent également le devoir de citoyen.

Le commerce mérite vraiment la protection du prince, l'eſtime & la reconnoiſſance du public; rien n'eſt plus louable que d'être uniquement occupé à prévenir les beſoins, & à ſubvenir à l'impoſſibilité où chaque particulier eſt de ſe ſuffire à lui-même; mais il faut ſéparer du commerce l'abus qui peut le rendre mépriſable. Il ſemble que tous les marchands aient paſſé entr'eux un contrat,

par lequel ils se sont obligés à mettre le
monde entier à contribution. Je ne vois pas
à quel titre un négociant a le droit de faire
tout-à-coup une fortune immense, formée
des dépouilles de ses concitoyens; comme il
est défendu de prêter de l'argent à un intérêt
excessif, il devroit être défendu aussi de
vendre de la marchandise au double de sa
valeur réelle; on ne force personne à acheter, dira-t-on; cela est faux : on est forcé
par la nécessité, & quand tout ne seroit destiné qu'à une utilité légere ou un simple
agrément, la disposition des hommes n'est
pas un motif suffisant pour abuser des
moyens qu'on a de tirer un avantage injuste
de la singularité de leurs goûts & de la nature de leurs desirs. Un commerçant n'est
estimable qu'autant qu'il calcule ses profits
sur ses peines, & qu'il se fait un devoir de
ne point tromper ceux qui sont obligés d'a-
voir recours à lui; celui-là seul est utile à
la société, & mérite le nom de citoyen;
sans ces qualités il en est l'ennemi, & mérite
le plus grand mépris; il commet autant d'injustices qu'il fait d'affaires; & je ne vois
entre lui & un voleur, d'autre différence

que celle de couvrir fa honte du voile de l'honnêteté.

Tous les hommes ont donc réellement des moyens de fe rendre utiles à leur patrie ; les grands en protégeant les foibles ; les riches, en employant leurs richeffes à fecourir les malheureux & non au fafte ; l'homme public, en rempliffant exactement fes devoirs, l'homme privé, en employant fes talens & fes facultés pour l'avantage de fes femblables. Perfonne ne doit refter dans l'inertie & l'indolence ; elles font indignes des membres d'un corps dont nous recevons une infinité d'avantages : celui même qui, fans être riche, jouit d'une honnête médiocrité & n'eft porté par aucun intérêt particulier au travail, ne peut fe prévaloir de fon état, il n'eft pas moins homme, il n'eft pas moins citoyen. Je puis donc conclure avec certitude que tout homme peut faire le bien public, & que fi chacun en étoit perfuadé, l'état, ne contenant alors perfonne de nuifible ni d'inutile, deviendroit plus puiffant & les citoyens plus heureux.

Fin de la feconde Partie.

TROISIEME PARTIE.

Il est des hommes qui ne travaillent pas au bien public.

Il n'est que trop vrai que la société renferme dans son sein des hommes qui participent à ses avantages sans y concourir, qui rapportent tout à eux-mêmes, & pour lesquels l'utilité publique est un nom stérile qui ne les intéressent point. S'il est possible que l'on soit étonné de les voir designer sous les noms de prêtres & de religieux, cette surprise disparoîtra aussi-tôt que l'on aura considéré les uns & les autres dans leurs véritables situations, rélativement à la société, & cette considération conduira à reconnoître dans le clergé, tant séculier que régulier, une multitude d'hommes, dont la plupart sont au moins inutiles à l'état.

Je ne prétends point attaquer, dans cette partie de mon ouvrage, un corps respectable dans fes chefs & dans plufieurs de fes membres ; j'ai peint ailleurs les grands avantages que pouvoit procurer le zele de ceux qui font deftinés à infpirer la vertu aux peuples & à les éloigner du crime, travailler au falut des ames, c'eft remplir le devoir de citoyen. Mais le nom de prêtre ne s'ert-il pas de prétexte à un trop grand nombre pour fe livrer à l'oifiveté & à la molleffe ? Le clergé ne renferme-t-il pas des membres inutiles à l'églife & à l'état? J'examinerai fucceffivement ces deux queftions & je propoferai, fur leur réfultat, les moyens qui m'ont paru les plus propres à prévenir des abus trop accrédités, mais trop fenfibles. Je vois dans l'églife des miniftres prépofés aux fonctions eccléfiaftiques, & chargés du foin des peuples ; je vois auffi dans l'églife des miniftres oififs, les uns font deftinés à cultiver la vigne du Seigneur, & les autres à en recueillir les fruits. Dans la premiere claffe font les évêques, leurs adjoints, les curés & les vicaires; dans la feconde font les bénéficiers libres ou fixés à une églife particuliere. Je traiterai de chacune de ces claffes, afin d'éviter la confufion qui feroit un obftacle au deffein que je me fuis propofé.

Un évêque eft un prêtre fpécialement dévoué au fervice de la religion; élevé fur le chandelier de l'églife, pour y briller par l'éclat de fes vertus & éclairer tous les fideles par fes grandes lumieres; c'eft le fucceffeur des apôtres, choifi pour les repréfenter & s'acquiter des mêmes fonctions qu'ils rempliffoient pendant leur apoftolat. C'eft le plus éclairé, le plus vertueux d'entre les prêtres; c'eft, en un mot, leur maître & leur modele. Combien d'idées embarraffantes vont naître à cette defcription! On jettera inutilement les yeux; on n'y appercevra point l'homme que j'ai dépeint, & l'on demandera de nouveau ce que c'eft qu'un évêque? Je répondrai à cette queftion d'une maniere également fatisfaifante & claire. On reconnoîtra l'évêque aux armoiries faftueufes, aux palais magnifiques, à une multitude de voitures, de chevaux & de valets; aux riches vêtemens de ceux-ci, à la robe de pourpre de leur maître, à une croix précieufe, à une parure étudiée & à

tous

tous les dehors qui caractérifent les riches
& les grands. Celui d'une ville que l'on
verra montrer un plus grand fafte, être plus
répandu dans le monde, à qui l'on entendra prodiguer des noms de feigneur & de
grandeur, dans qui l'on ne reconnoîtra point
le premier caractere que j'ai défigné, eft,
à coup fûr, monfeigneur l'évêque. On eft
furpris du contrafte qui exifte entre ces
deux portraits du même homme, & perfonne ne concevant comment l'un peut
conduire à la connoiffance de l'autre. Je
dois ajouter quelques éclairciffemens qui
puiffent lever tous les doutes & détruire
les mauvaifes impreffions qu'auroit pu faire
naître une peinture qui paroît forcée, &
des allégations totalement contradictoires.
Ce prélat que vous voyez poffér de grandes richeffes en ufe comme n'en ufant pas.
Il eft vraiment pauvre d'efprit; cette pompe
orgueilleufe qui vous offenfe, n'affecte point
fon ame, fon cœur eft humble, tous les
dehors faftueux qu'il affecte font l'effet d'un
ufage dont il ne peut s'écarter; il en a toujours gémi en fecret. S'il fe produit dans

le monde, c'eſt moins pour lui que pour
le bien de la religion ; c'eſt pour répandre
la bonne odeur des vertus chrétiennes ; faire
connoître à tous les hommes que le joug du
Seigneur eſt léger & qu'il eſt doux de le porter. Tout en lui tend à l'édification des fideles ; il leur apprend qu'en poſſédant des richeſſes immenſes & en uſant comme le
monde en uſe, c'eſt-à-dire pour le néceſſaire,
l'utile & l'agréable, on ne s'écarte point de
l'eſprit de pauvreté recommandé dans l'é-
vangile ; il leur apprend qu'élevés au faîte
des honneurs, dans le ſein des grandeurs,
environnés de toute la gloire mondaine, ils
peuvent n'être point éblouis par ſon éclat,
& conſerver la plus grande modeſtie au
milieu des plus grands faſtes. Si ſes édifices ſont majeſtueux & richement meublés,
ce n'eſt pas pour lui, mais ſeulement pour
honorer ſon miniſtere, c'eſt un temple qu'il
éleve aux vertus dont il eſt orné, & il
n'épargne rien pour le rendre digne d'elles.
Sa table eſt propre à ſatisfaire tous les goûts,
mais c'eſt moins pour ſon plaiſir particulier
que pour les beſoins des pauvres qu'il y

raſſemble chaque jour, il eſt aiſé de remar-
quer qu'il ſe borne au pur néceſſaire, &
que ſi ſes privations ne ſont pas ſenſibles,
il le fait ainſi pour ne pas ſe rendre ſemblable au phariſien qui cherchoit à en impoſer
aux hommes par un extérieur mortifié. S'il
joue & donne à jouer, n'allez pas regarder
le palais épiſcopal comme un tripot; pen-
ſez que Saint Jean badinoit avec une perdrix,
& que des cartes ou des dez ſont quelque
choſe d'auſſi ſimple qu'un oiſeau; les pertes
qu'il fait ſont des eſpeces d'aumônes, & ſes
profits ſont une augmentation du bien de
l'égliſe. Si le ſexe a un libre accès auprès
de monſeigneur & qu'il en ſoit bien ac-
cueilli, ne croyez point que pour cela il ſoit
galant, c'eſt un effet de ſon affabilité naturelle, apoſtolique, & de ſa charité ardente pour tous ſes enfans ſpirituels. S'il
paſſe une partie de l'année dans la capitale,
ce n'eſt point pour ſe livrer avec plus de
liberté à ſes plaiſirs, encore moins pour
ſolliciter des bénéfices, mais ſeulement pour
mettre en ſûreté le patrimoine des pauvres,
c'eſt pour conſerver les droits de l'égliſe,

c'eſt pour protéger l'innocence & travailler à la plus grande gloire de Dieu. On ne devroit jamais trouver mauvais qu'un évêque n'étudia & ne prêcha pas; il a des ſubalternes pour s'acquitter de ces fonctions; on eſt encore plus injuſte en voulant qu'il faſſe ſes mandemens, il n'en eſt pas en état: ne ſuffit-il pas qu'il donne ſon nom aux actes juridiques & qu'il faſſe par lui-même tout... ce qu'il ne peut faire faire par d'autres.

On ſe plaint donc à tort, que les prélats ſont trop riches & trop faſtueux, qu'ils ſont adonnés aux plaiſirs du monde & qu'ils n'égligent preſque tous leurs devoirs; cette conduite eſt aiſée à juſtifier, & l'on peut reconnoître facilement le premier miniſtre de la religion, aux caracteres de grandeur que j'ai indiqués; toutefois il ne faut point s'attacher à l'écorce & pénétrer dans les ſens miſtiques qu'elle nous préſente. Il ne ne faut pas juger Meſſieurs les évêques ſuivant ce que l'on voit, c'eſt en examinant attentivement ce qu'ils doivent être que l'on ſaura ce qu'ils ſont; d'ailleurs ſi quelque choſe en eux, nous paroiſſoit ſingulier &

hcrs de regle, il faudroit moins la leur attribuer qu'au tems & aux préjugés des peuples qui ont exigé qu'ils fe fiffent tout-à-
tout, & qu'ils fe conformaffent au fiecle
pour le gagner à Jéfus-Chrift, dont ils font
les difciples & les miniftres.

Que dirai-je des vicaires-généraux, de
ces co-évêques qui occupent un rang diftingué dans le clergé? Leurs noms pleins
d'emphafe annoncent quelque chofe de
grand; nous reconnoîtrons fans doute en
eux des hommes d'un mérite diftingué; ils
font placés au fecond rang dans l'églife; ils
difputent le pas à ceux qui occupent le premier, & je crois appercevoir une grande
reffemblance entr'eux.

Dans chaque diocefe il y a des Vicaires-
généraux de deux efpeces; les uns, en petit
nombre, font pour les affaires; les autres
ne cherchent dans cette place qu'une vaine
dénomination propre à les diftinguer de la
foule, & un titre pour s'élever plus haut.
Les premiers enflés de leur pouvoir, s'ar-
rogent une puiffance plus qu'épifcopale,
font fentir leur dignité à tous ceux avec lef-

quels ils ont quelques rélations, auffi exceffifs dans le *fort contentieux* qu'ils font
modérés dans le *fort gracieux*, l'auftérité
ridicule eft la bafe de leur conduite, & auprès d'eux, les graces qui ne s'achetent
point, fi toutefois il en eft, font des plus
difficiles à obtenir. La religion entre leurs
mains ne préfente que des rigueurs; fes regles font dures, fon fceptre eft de fer &
fon empire eft tyrannique. La jurifdiction
épifcopale trouve de la grandeur à ne fe
faire fentir que pour impofer un nouveau
joug aux fideles, pour multiplier les devoirs
du chrétien, prefcrire des prieres, des jeûnes, des mortifications, elle fe fait un mérite de géner de plus en plus la liberté naturelle de l'homme. La foumiffion aveugle
qui avoit donné du reffort à ces abus in-
concevables a heureufement perdu une
partie de fon crédit; les chrétiens connoiffent leurs véritables devoirs, ils s'y bornent
fans fe mettre en peine des clameurs du
prêtre fanatique, & fans fouffrir que leurs
obligations foient multipliées par des gens
auxquels il eft le plus facile d'en impofer.

J'aime bien que des hommes riches &
qui ont entre les mains des moyens de fatisfaire leur fenfualité dans tous les genres,
viennent, de leur autorité privée, me prefcrire des privations fans qu'il me foit permis de m'en écarter, fous peine de damnation. Il eft bien aifé à un évêque de faire
promulguer une loi qui défend de manger de
la chair dans tels & tels tems de l'année; une
loi qui m'ordonne de ne prendre pendant
très-long-tems qu'un feul repas par jour,
d'en fixer l'heure; & qui ne m'accorde que
par grace une légere réfection. Cela vous
plaît à dire, monfeigneur, vous obfervez
cette loi comme vous pouvez, je me crois
en droit d'en faire autant. Croyez-vous de
bonne foi que je ne changerois pas mon
dîné en gras, contre le vôtre en maigre?
Vingt plats bien choifis & bien apprêtés
me flatteroient fans doute plus que mon
petit repas fimple; cependant, fuivant vous,
je peche, & vous vous fanctifiez; vous man-
gez de toutes les efpeces de poiffons, & moi
qui n'ai qu'un fol, je mange deux œufs
cuits à l'eau, c'eft vous qui vous mortifiez

& moi je me damne. Défendez-moi de fervir ma table avec la même profusion, la même délicateffe avec lesquelles vous fervez la vôtre, j'y confens; vous ferez fûrement obéi; impofez-vous la loi de vivre comme moi, & vous mortifierez votre fenfualité. Vous voulez que je ne faffe qu'une collation légere le foir, pour prévenir la défaillance de mes forces, & je vous vois plus fujet aux indigeftions qu'aux foibleffes, votre collation vaut mieux que ma réfec-tion, & vous ofez me damner pour avoir un peu trop cédé à mon appétit; fi je mange de la foupe deux fois dans un jour, je fuis criminel, & vous ne l'êtes pas pour deux actes formels de gourmandife. Je fuis levé dès le point du jour, j'ai employé uti-lement mon tems, j'ai très-peu mangé la veille, & vous ne voulez pas que j'aie plus de befoin que vous qui, à l'heure preferite par vos mandemens, avez à peine eu le tems de faire votre toilette. Je vous le dis fans déguifement; vos ordres font trop ri-dicules pour que je m'y foumette. Recom-mandez, tant qu'il vous plaira, l'efprit de mortification & de pénitence; mais n'en fixez ni le tems, ni l'espece. Une loi générale que la plupart des hommes ne peuvent obferver, tombe par elle-même. Pour que tous puiffent fupporter les jeûnes & les abftinences, il faudroit que leurs fituations fuffent égales en tout. L'églife a fagement établi cette loi, je ne la condamne point; mais elle a encore plus fagement permis aux évêques de s'en écarter en faveur de ceux pour qui elle feroit un joug trop dur, ce feroit donc à eux à répandre les indulgences qu'ils ont entre les mains, & à avoir égard aux différentes circonftances fans fe faire prier & payer comme ils le font. Avant l'établiffement des carêmes, des jeûnes & des abftinences fréquentes, les chrétiens mortifioient leurs paffions, pratiquoient la pénitence & n'étoient pas moins parfaits qu'ils l'ont été depuis qu'on leur a agravé le joug de la loi, qu'on a réglé leur maniere de vivre, l'efpece de nourriture qu'ils devoient prendre, & qu'on a fixé jufqu'à quel degré leurs corps auroient befoin d'être fubftentés.

Outre les premiers repréfentans & adhé-
rens des évêques, il y en a une feconde
claffe qui, comme je l'ai dit, eft agrégée
au miniftere facré; mais feulement quant
au nom & à l'honneur. Elle eft com-
pofée d'autant de petits maîtres qui font
deftinés à orner la cour du pontife, qui
partagent fes plaifirs & n'ont d'autre occupation que de courir les cafés. Ce font
d'honnêtes oififs qui fe croient dignes des
plus grandes faveurs & fe perfuadent qu'on
ne peut refufer un évêché, ou tout au moins
une abbaye à leurs travaux pénibles', c'eft-
à-dire, à la peine d'avoir porté le nom qui
fembloit obliger à quelques occupations
fufceptibles de mérite. Je pourrois ajouter
bien des chofes fur cette claffe fupérieure
du clergé; mais j'aurai occafion d'en parler; d'ailleurs je ne veux être ni trop long
ni indifcret, je ne veux pas m'attirer des
ennemis, & j'en aurois d'implacables fi je
difois tout.

Que l'on me permette actuellement de
defcendre au fimple prêtre & de confidérer
la conduite & les occupations des curés

& des vicaires. Ce corps eſt plus étendu que le premier, il eſt plus néceſſaire, plus actif & par conſéquent plus reſpectable, il mérite des égards, & ſi j'en dévoile, quelques abus, c'eſt ſans malignité.

Les occupations journalieres d'un curé paroiſſent être bornées à dire une meſſe pour lui ſeul, car il a peine quelquefois à trouver un ſerviteur; celui qui a ainſi gagné ſes dix ſols eſt tranquille, il eſt libre, il diſpoſe de ſon tems comme il lui plaît, un baptême ou une inhumation ſont des épaves dont il ſe rejouit également & ſi l'on excepte les jours de dimanche, la quinzaine de pâques & quelques heures de chaque jour, un curé eſt un homme oiſif dont l'occupation la plus ſérieuſe eſt de percevoir en entier ſes revenus & de faire valoir ſes droits. Combien en eſt-il même qui, pour leurs intérêts, ſont toujours en procès & ſuſcitent à leurs paroiſſiens des affaires qui les ruinent! on ſent parfaitement ce que doit entraîner un tel genre de vie, le tems ſe trouve partagé entre la table, le jeu, les promenades &

toutes les chofes d'ufage parmi les mondains. Les uns font diffipateurs & confacrent tout à ce qui les flatte ; d'autres, efclaves de l'avarice ne penfent qu'à remplir leurs coffres, le pauvre ne trouve jamais en eux une ame bienfaifante, on ne les voit jamais exercer des œuvres de miféricorde. Je paffe fous filence ce qui feroit plus difficile à croire & qui n'eft pas moins vrai ; il eft des curés qui ne fe contentent pas d'une vie oifive & commode, on les voit au-dehors comme des hommes du monde ; que verroit-on fi l'on étoit dépofitaire de leurs fecrets ? Un voluptueux feroit peut-être jaloux de leurs plaifirs. Perfonne ne doute que ce ne foient là des abus & même de véritables défordres ; des prêtres qui s'engraiffent de la fubftance du troupeau qui leur eft confié, & n'en prennent aucun foin, font moins des pafteurs que des deftructeurs. La religion fouffre néceffairement d'une telle conduite ; celui que je vois jouir de toutes les commodités de la vie me prêchera inutilement les avantages de la pauvreté, le prêtre attaché

aux plaisirs, m'exhortera en vain à les
fuir ; pourquoi regarderois-je le monde
comme rempli d'écueils, puisqu'il n'en
craint point les dangers ? Comment me
persuadera-t-il que je dois mortifier mes
sens, tandis qu'il est occupé à flatter les
siens de toutes les manieres ? La vue simple d'une vierge peut-être source de ma
perte, & celui qui m'annonce cette vérité a sans cesse sous les yeux une jolie
gouvernante dont il ne craint point les impressions ; en vain un voyageur me dira-
t-il qu'il y a des voleurs sur une route,
si je l'y vois passer sain & sauf, je ne m'ar-
rêterai point ; si j'avois vu St. Pierre marcher sur les eaux, je serois allé au Seigneur
par le même chemin, avec la même confiance que lui & je serois entré comme
cet apôtre, dans la nasselle, pourvu que
dans le danger je me fusse écrié : Seigneur
j'enfonce. On en dira ce que l'on voudra :
une leçon contradictoire à ce que je vois me
devient facilement suspecte, je la regarde
comme un mensonge ; il est ridicule de
donner des conseils que l'on ne suit point

nête. Il sied mal à un avare de dire : soyez détachés des biens du monde ; un voluptueux qui m'exhorte à la sagesse fera moins d'impression sur moi qu'un sage qui me porte à la volupté. Le prêtre ne produira jamais de véritables fruits dans le cœur des fideles tant qu'il sera forcé de dire, ne faites point ce que je fais ; si les Apôtres se fussent servis de cette formule fade, ridicule, on ignoreroit encore sur la terre, les noms de Christ & de religion.

La source de tels déréglemens est facile à reconnoître; l'oisiveté & l'abondance sont le partage des curés : faut-il être surpris, si l'on trouve dans un grand nombre, des vices qui les rendent méprisables? La plupart se plaignent cependant d'avoir trop peu de revenus & trop de travail, ils sont à les entendre, tous pauvres ; leur situation ne leur permet pas de secourir les indigens, d'aider les malades dans leurs besoins corporels, de rendre les devoirs de la religion gratis à ceux qui ne peuvent les payer sans épuiser toutes leurs ressources; mais cette pauvreté ne les empêche pas de faire bonne chere, de régaler leurs amis, d'être bien logés, bien vêtus & de ne se rien refuser de ce qui leur fait plaisir. Comment ne seroient-il pas oisifs? ils n'ont presque rien à faire : il n'y a pas de prêtre qui, pour ce qui a rapport à son ministere soit occupé plus de deux heures par jour, encore la plus part ont-ils des vicaires pour remplir cette pénible fonction. Le curé perçoit les revenus dubénéfice, & le vicaire en supporte les charges ; le nombre de ces derniers est encore fort mal réparti, & l'on peut dire que parmi les écléfiaftiques les moins inutiles, il y a une infinité de fainéans qui n'ont d'autre occupation que de vivre à leur aise aux dépens de la société, sans lui rendre aucun service.

L'église nous présente le tableau de tous les vices dans une autre classe de ses ministres que l'on ne peut considérer sans indignation, parce que l'état & la religion en souffrent également. Je parle de ces prêtres pour lesquels le sacerdoce est un nom, le bénifice un titre & les revenus de l'église, un moyen sûr de vivre d'une maniere honteufe. Quelle utilité retire-t-on donc de cette multitude de bénéficiés qui n'ont ni demeure fixe, ni occupation déterminée, ni place dans la fociété, ni rang dans le clergé ; qui femblent former un corps ridicule d'hommes à qui l'on accorde des biens immenfes qu'ils n'ont jamais mérités, qu'ils ont obtenu par la brigue & qu'ils emploient à des ufages criminels. Quelle différence y a-t-il entr'eux & le mondain le moins digne d'eftime ? Ils furpaffe tous le monde en orgueil ; leur fafte paroît dans leurs maifons, leurs équipages, leurs laquais, leurs difcours, leurs habillemens ; les plus riches font les plus fcandaleux ; on les voit aux toilettes des femmes coquettes, dans les tripots, aux théatres & dans tous les lieux indécens. Ils affectent des airs mondains en toutes chofes & ne cherchent r en tant qu'à montrer qu'ils ne font eccléfiaftiques que de nom : auffi les reconnoît-ont pour tels par tout, ils font diftingués par une certaine maniere de s'habilier, qui ne tient ni du prêtre ni du laïque. On les accueille, ils font prêts à tout faire pour plaire, un abbé

abbé eſt galant, il eſt généreux, il eſt brillant, il joue & fait perdre, il traite, donne des fêtes, ſe prête à toutes les foibleſſes des hommes, & y participe; mais partout ou il eſt tel que je viens de le dire, il eſt hors de ſa place, il fait tout ce qu'il ne devroit pas faire, il avilit ſon état en affichant l'oubli de ſes devoirs, il n'eſt eſtimé de perſonne, & tout le monde le mépriſe.

Il eſt encore une autre eſpece d'eccléſiaſtiques dont les fonctions ne ſont pas moins ſingulieres, quoique parmi eux les ſcandales ſoient moins communs & moins grands. Ce ſont ces chanoines opulens dont la vie matérielle & ſédentaire eſt la plus inepte & la plus molle en même-tems. N'eſt-il pas ridicule de donner à des hommes un gros revenu pour aller dormir ou cauſer ſur des ſiéges, tandis que des eſpeces de domeſtiques font retentir les voutes d'une égliſe de mots inintelligibles en l'honneur de Dieu? encore faut-il pluſieurs degrés de nobleſſe pour être jugé digne de remplir cet emploi important. Ne ſemble-t-il pas que celui à qui on le donne, ſoit reconnu incapable de tout bien & impropre à tout ce qui exige quelque talent ou quelque travail?

J'ai traité des différentes claffes dont eft compofé le clergé féculier ; dans les uns on reconnoît l'opulence & le fafte à côté de l'ignorance & de la pareffe ; dans d'autres on voit une vie commode alliée à des devoirs importans ; dans tous il y a plus de richeffes que de travail & de mérite, & l'on remarque dans la plus part, le mépris des obligations d'un état où les tranfgreffions les plus légeres en apparence font toujours criminelles.

Quelle fera notre furprife fi nous comparons la conduite que je viens de mettre au jour, avec celle que doivent tenir les miniftres de l'églife! Un prêtre doit être choifi de Dieu pour le miniftere facré, fans celà il faut l'en exclure, il eft un intru, il fait violence au Ciel, à la terre, & force, pour ainfi dire, les portes du fanctuaire pour y prendre une place dont il eft indigne. Combien qui, à ce feul caractere, feroient reconnus profanateurs & facrileges!

Combien y en a-t-il que le Ciel n'a point
élevé au facerdoce & qui n'y font parvenus
d'eux-mêmes qu'en ufurpant la puiffance
eccléfiaftique contre toutes les regles de la
religion, & fans y être appellés par celui
qui feul peut fe confacrer particulierement
certains hommes! Un prêtre doit avoir des
vues pures & défintéreffées; quel eft celui
qui n'a pas embraffé la cléricature comme
un moyen de s'élever aux dignités & de
s'enrichir, ou tout aumoins comme un
état où l'on vit commodément ? On fait
des eccléfiaftiques pour décharger les familles & pour placer un enfant à peu de
frais, fouvent pour fe faire un appui &
s'affurer des reffources dans la portion des
biens de l'églife qu'il poffédera un jour; je
ne fais s'il en eft un feul qui ne regarde
dans les fonctions de fon état que la gloire
de Dieu, qui n'y foit conduit par aucunes
vues humaines & qui ne penfe uniquement
qu'à travailler efficacement au bien de la
religion, au falut des hommes. Un prêtre
doit poffeder la fcience du falut, il doit
connoître les faintes écritures, favoir ex-

feigner la plus faine doctrine fur-tout ce qui a rapport à la religion ; il doit être capable de répondre avec folidité à toutes les objections des contradicteurs, & être affez éclairé pour répondre à tous les doutes ; combien en eft-il qui puiffent fe flatter de cette difpofition ! Combien qui ne connoiffent qu'une certaine fuperficie de la loi qu'ils ont apprife au féminaire dans les leçons mal digérées qu'ils retenoient par mémoire & récitoient feulement de bouche, fans y comprendre la moindre chofe! N'en voit-on pas qui, bien loin, d'être en état d'inftruire, ne connoiffent pas la moitié de leur religion, ne font pas même en état de rendre raifon de leur foi, que les queftions les plus faciles embarafferoient, qui feroient obligés de refter muets devant le plus foible contradicteur, de rendre ainfi fufpectes les vérités les plus refpectables & de faire douter de ce qu'il y a de plus certain? Il y a des prêtres, & en très-grand nombre, qui ne favent pas même ce que tout chrétien doit favoir & qui croupiffent dans leur ignorance. Un bon

théologien eft un phénix, il eft peu de prêtres qui foient adonnés à l'étude, lorfqu'ils n'y font pas contraints ou portés par
quelqu'intérêts , & fi c'eft un proverbe
commun que le facerdoce eft la fin des études, c'eft un proverbe plein de vérité &
dont on voit tous les jours des preuves trop
fenfibles. Un prêtre doit poff* éder toutes
les vertus dans un degré éminent, quel eft
celui qui oferoit fe propofer pour modele ?
Sa vie doit être pénible & laborieufe, où
font fes peines & fes travaux ? tous les
eccléfiaftiques doivent êtres détachés des
chofes terreftres, qui eft-ce qui y eft plus
attaché qu'eux ? Ils ne doivent être occupés que de leur perfection propre & de
celle des peuples , avec quel zele y travaillent-ils ? ils doivent être des modeles
de patience & ils font les plus ardens à
venger les injures qu'ils reçoivent ; ils prennent un oubli pour un manquement im-
pardonnable : modele de défintéreffement,
les tribunaux retentiffent de leurs vexations
fur le pauvre peuple, on ne leur paie jamais tout ce qui leur eft dû, jamais affés

exactement, jamais sans fraude ; ils ne prient point pour de l'argent, cependant sans argent, ils ne prieroient point ; qu'on demande à un curé de dire une messe par charité, pour un défunt ou pour un moribon, il n'en aura jamais le tems, mais dix sols le lui feront bientôt trouver & même à point nommé. Modele d'humilité & de mortification, ces vertus leur sont inconnues ; où trouve-t-on plus d'ambition, plus de desir des honneurs, plus de brigues pour y parvenir, plus de jalousies & plus de singularité dans l'observation des rangs & de préséances ? Quelle vie est plus commode que celle des prêtres ? n'est-elle pas, pour ainsi dire, l'objet des vœux de tous les hommes ? En quoi peuvent se mortifier ceux qui ne sont occupés qu'à satisfaire leurs penchans ? Modele de chasteté, combien en est-il qui traite cette vertu comme une chimere & ne gardent certains dehors que pour se satisfaire plus facilement dans le secret ? d'où vient ce grand crédit qu'ont toutes les personnes du sexe attachées au service des prêtres ? Ne voit-on pas en ce genre des fcandales honteux qui tirent leur fource des premiers comme des derniers membres du clergé ?

On me dira peut-être que cette grande différence qui diftingue les prêtres de nos jours d'avec ceux des premiers fiecles de l'églife eft l'effet du changement des tems & des mœurs ; que l'on ne doit plus être furpris & encore moins fe plaindre de ce qu'ils poffédent de grand biens, de ce que l'on voit en eux les marques de grandeur qui impriment du refpect ; que la religion doit être honorée dans fes miniftres ; qu'il faut que le préjugé la refpecte par le préjugé même. Grande & difficile objection que l'on pouroit réfoudre avec un cathéchifme ! vous devez être riches Meffieurs ? vous devez êtres grands ? Quand celà feroit vrai, devez-vous fcandalifer le public par votre abondance & votre fafte ? Devez-vous, pour être refpectés, montrer une vanité qui vous rende inacceffibles à vos freres ? Eft - ce pour l'avantage de la religion que vous faites bonne chere, que vous nourriffés des courfiers avec le bien des pauvres, tandis que ceux-ci, ou plutôt que Jeſus-Chriſt à faim & ſoif en eux? eſt-ce pour le bien de la religion qu'un prêtre entretient à grands frais dix valets pour orner ſes appartements & ſes voitures, tandis que des familles nombreuſes ſont dans l'oppreſſion, gémiſſent de leur miſere & s'eſtimeroient heureuſes d'avoir ce qu'on accorde à un ſeul de ces phantomes de vanité? Prêtres, eſt-ce pour le bien de la religion que vous montrés en vous, tous les vices que vous êtes obligés de condamner dans les autres, que vous êtes vêtus plus richement, logés plus magnifiquement, ſervit plus ſplendidement que les mondains même? que condamnerez-vous donc dans leur conduite? vous les ſurpaſſés en tous genres de dépravation; on voit en vous une aiſance à la quelle ils ne peuvent prétendre: & vous croyez, par là, faire reſpecter la religion, mais on la mépriſe en vous & à cauſe de vous; tout le monde murmure contre elle parce que l'on ne voit jamais votre conduite d'accord avec les vérités que vous annoncés; comment les perfuaderiez vous? vous montrés clairement que vous ne les croyez point. Un eccléfiaftique ne fait-il pas des biens de l'églife le même ufage que tous les hommes font de ceux qu'ils poffédent? n'eft-ce pas pour vivre dans l'abondance de toutes chofes & montrer un fafte extérieur? quel plus mauvais ufage pouriez-vous en faire? ce feroit peut-être de les employer à jouir des plaifirs illicites? mais celà fe devine affez, vous ne vous en refufez d'aucune efpéce, les uns en fecret, quand vous y êtes forcés, & les autres publiquement. *O tempora, ô mores!* difoit-on il y a plufieurs fiécles; les eccléfiaftiques dont la conduite étoit femblable à la votre s'en excufoient déjà fur une douce néceffité; mais des prélats refpectables, quelques faints prêtres nous ont appris le contraire, on a vu dans eux que le mauvais ufage des biens de l'églife & les dehors faftueux n'étoient pas le feul moyen de faire refpecter la religion & fes miniftres: ils n'étoient riches que pour les pauvres, ils n'étoient grands que par leurs vertus, ils étoient aimés, refpectés, efti-

més, écoutés, & vous, avec votre grandeur & vos richeffes, on vous hait, on
regarde vos difcours comme des fables,
on ne fait aucun cas de vos confeils, &
l'on ne fe foumet à vos ordres que lorfqu'ils
font appuiés d'une autorité plus refpectable
que la vôtre. Vous prétendez que les mœurs
ayant changés avec les tems, vous devez
auffi avoir éprouvé cette révolution & être
enveloppés dans le tourbillon des préjugés,
ou dumoins vous y conformer; fuivant
vous, vous avez dû vous relâcher de la
rigueur de votre ancienne difcipline, vous
écarter des regles que votre maître vous
avoit prefcrites, vous fouftraire à la févé-
rité de fes loix; vous avez cru pouvoir ne
plus édifier fur le fondement pofé par Jéfus-
Chrift même, mais bien fur les préjugés
& la corruption du fiecle : promettez-moi
de vous faire là-deffus quelques obfervations. Celui qui a dit le Ciel & la terre
pafferont & mes paroles refteront toujours
les mêmes, a-t-il donc ajouté : mes paroles
pafferont auffi lorfque les préjugés l'exige-
ront, il fera permis de s'en écarter en fa-

veur de la malice des peuples ? Quand Jéfus-Chrift a dit à fes difciples & à vous en leurs perfonnes : fi quelqu'un veut me fuivre, qu'il renonce à tout ce qu'il pof-féde, qu'il n'ait d'autre bien que ma croix, qu'il rompe même les liens naturels qui l'attachent à fon pere, à fa mere, à fes freres & fœurs ; fans celà il ne peut-être mon difciple ; a-t-il ajouté : la loi que je vous donne n'eft que paffagere, il viendra un tems où mes apôtres en feront difpen-fés & où il leur fera permis de venir à moi par d'autres moyens que ceux que je vous ai indiqués ? Celui qui a dit à fes difciples & à vous en leurs perfonnes, ne portez ni facs, ni befaces, ni bâtons ; a-t-il donc encore ajouté : ce que je vous recommande à pré-fent, n'eft qu'un jeu pour en impofer aux hommes & leur faire embraffer une religion qui, fans cet extérieur, ne paroîtroit pas être prêchée par un pur amour pour la vé-rité ; lorfqu'elle fera bien établie, vos fuc-ceffeurs feront riches, feront grands fuivant le monde, jouiront de toutes les commo-dités de la vie ? vous dites que fans les de-

hors qui vous accompagnent, on vous mé-
priferoit : je vous crois très-facilement,
puifque malgré vos efforts, on ne vous
eftime point & que l'on ne révere en vous
que la protection du prince. Lorfque faint
Paul a appris à fes difciples Thimotée &
Tite, à fe faire refpecter, leur a-t-il indi-
qué les moyens dont vous vous fervez aujourd'hui? Non fans doute; il connoiffoit cependant la malice des hommes & ce qui
devoit arriver dans les fiecles à venir; il ne
veut point qu'ils s'occupent à compter des
généalogies faftueufes & inutiles, mais
qu'ils fe rendent refpectables aux yeux des
peuples par le bon exemple en toutes chofes, par leurs difcours, leurs converfations,
leur charité, leur foi, leur chafteté; que
perfonne ne vous méprife, leur dit-il, mais
que tout le monde vous eftime à caufe de
votre intégrité, de votre modeftie, de votre
douceur à l'égard de vos femblables, faites
de bonnes œuvres, & perfonne ne vous
méprifera. Penfez-vous, Meffieurs, que
ces paroles ne vous regardent point? Si
vous ne reglez pas votre conduite fur l'é-

criture, mais fur les tems & les mœurs,
vous êtes donc apôtres de modes & felon
les modes; dites donc que les loix n'ont
pas été faites pour vous & que vous n'êtes
apôtres que par une puiffance qui vous
donne lieu de favorifer tous vos penchans,
la cupidité, l'avarice, l'orgueil, &c. &c...
Vous ne me perfuaderez jamais que fi vous
n'étiez pas tout ce que vous êtes & que
vous fuffiez tout ce que vous n'êtes point,
vous n'auriez pas plus de droits à l'eftime
des hommes, & que vos vertus ne les
porteroient pas plus à refpecter la religion
que votre orgeuil & vos défordres. Ne
croyez point que tout ce que je viens de
vous dire ait pour principe un fiel amer
ou une jaloufie maligne du bien-être dont
vous jouiffez; je refpecte en vous le miniftere dont vous êtes revêtus, je ne cherche point à diminuer l'eftime que l'on a
pour vous & à vous rendre méprifables
aux yeux des peuples; je ne cherche au
contraire qu'à vous rendre encore plus refpectables & a augmenter la vénération dont
vous devez jouir, en augmentant les ver-

tus dont vous devez êtres ornés. Vous nous repréfentés fouvent nos fautes, vous nous exhortés à fuir le vice & à pratiquer le bien ; ne fuffe que par reconnoiffance, nous devons, aumoins une fois, vous rendre le même fervice. Vous prêchez en maîtres, en docteurs de la loi, vous prêchez par état & parce que vos intérêts l'exigent, & moi je vous dis vos vérités, comme votre très-humble ferviteur, comme fimple obfervateur & témoin non fufpect de votre conduite ; je dis la vérité par le feul amour du bien public & du votre en particulier, fans y être porté par aucun intérêt perfonnel, je ne prétends pas même à une plus grande eftime, ni à aucune reconnoiffance de votre part.

Si les abus qui regnent dans le clergé font contraires au bien de la religion, ils font auffi contraires au bien public, & il faut les réformer ; fi ces mêmes abus tirent leur fource de la trop grande richeffe du clergé, & du trop grand nombre d'eccléfiaftiques, il eft certain qu'il faut reftreindre l'un & & l'autre. Employer les richeffes de l'état,

car celles de l'églife lui appartiennent véritablement, les employer, dis-je, à de meil-
leurs ufages qu'à entretenir des fainéans
dans l'opulence; rendre à la fociété un grand
nombre de citoyens, les empêcher de fe
fouftraire aux devoirs qu'elle leur impofe ;
faire tout-à-la-fois le bien de la religion &
celui de l'état, font des objets également
dignes de l'attention de tous ceux qui s'intéreffent au bien public. Pour pouvoir parvenir aux fins que je me fuis propofées, je
tâcherai de fatisfaire aux queftions fuivantes.

Les eccléfiaftiques en France font trop
riches : comment pourroit-on remédier à
cet abus, & quel ufage plus utile pourroit-
on faire de leurs biens ?

Il y a en France trop d'eccléfiaftiques :
peut-on en diminuer le nombre fans nuire
à la religion, & par quels moyens ?

Ce n'eft pas une propofition vague & ha-
fardée fans fondement, que le clergé poffede
trop de richeffes; je la crois fuffifamment
prouvée par tout ce que j'ai dit & ce que
tout le monde fait à cet égard. Une telle
abondance de biens entre les mains où elle

se trouve , est aussi pernicieuse à la société qu'à la religion ; il faut donc en retrancher une partie, en faire une plus juste réparti-tion , & les moyens en seront faciles.

On pourroit connoître au juste ce que possede l'église de France, non pas sur l'es-timation commune de la valeur de chaque bénéfice ; mais par une reddition de compte exacte & non frauduleuse , telles que sont la plupart de celles qu'on a eues d'après des examens trop superficiels, faits par des gens intéressés à ne point dire le vrai. Cette esti-mation devroit être prise , non seulement du revenu fixe, mais du casuel de chacun, l'un & l'autre étant ainsi distingué ; & le revenu accidentel n'étant déterminé que sur ce qui ne manque jamais, on pourroit re-connoître ce qui est juste & raisonnable de donner à chaque ecclésiastique nécessaire pour l'exercice de la religion & l'utilité des peuples, proportionnément à sa qualité & à ses travaux ; séquestrer , après cette dispo-sition, tout ce qui seroit jugé inutile au sou-tien des ministres essentiels. Les biens de l'église sont des biens publics ; ils appartien-nent

nent à la société, & ils doivent être employés à son utilité : celui qui eſt chargé
ſpécialement d'y veiller, a donc le droit
de faire tout ce qui eſt plus propre à y conduire ; c'eſt pour lui, non - ſeulement un
droit, mais un devoir indiſpenſable. Le chef
d'un royaume eſt le maître abſolu des biens
publics qu'il renferme ; ils ſont tous à ſa
diſpoſition, il peut leur donner telle deſtination qu'il lui plait, pourvu qu'elle ne tende
pas au détriment de la ſociété, mais à ſon
plus grand avantage. Je ne crois pas qu'un
eccléſiaſtique ſoit aſſez hardi pour avancer
que ce n'eſt pas de la bienfaiſance du roi &
ſous ſon bon plaiſir qu'il jouit de tel revenu:
le roi peut donc retenir une partie des biens
de l'égliſe pour l'employer à une meilleure
fin ; & il le doit, lorſqu'ils ne ſont pas néceſſaires à ce corps particulier. Cette volonté
ne ſeroit contrariée par aucune loi, rien ne
mettroit obſtacle à ſon exécution ; la premiere puiſſance exiſtant dans le bras du ſouverain, on ne doit pas en craindre une ſpi-
rituelle, qui eſt toujours prête à envahir,
qui n'eſt jamais ſatisfaite, qui veut s'éten-

dre à des objets qui ne lui font point foumis, & qu'il eft facile & important de réprimer.

Je fens qu'un corps nombreux & trop accrédité aura bien des moyens pour détruire les impreffions naturelles qui pourroient faire les remarques d'un auteur inconnu ; mais auffi l'amour du bien public peut l'emporter fur la flatterie auprès d'un prince qui s'eft fait un devoir de travailler au bonheur de fes fujets ; & la vue d'un bien réel aura plus d'empire fur fon cœur bienfaifant que des plaintes mal fondées, faites pour foutenir des abus. Le bien de l'état exige qu'une partie des richeffes de l'églife foit deftinée à une autre fin qu'à foutenir le luxe d'une multitude de miniftres inutiles, & qui par caraĉtere doivent être réellement pauvres : le roi peut donc s'en emparer, & l'amour qu'il a pour fes fujets l'exige. Il eft aifé d'employer ces biens à une fin, & plus utile à la patrie, & plus agréable aux peuples : les befoins d'un royaume font infinis, fes reffources ne peuvent être trop abondantes, & les occafions de faire le bien public ne peuvent manquer quand on les defire fincérement. Combien d'objets dans la fociété qui font propres à exciter la bienveillance du prince, & pour lefquels tous les citoyens forment des vœux ! Je traiterai dans la quatrieme partie de cet ouvrage d'un de ces objets auquel il feroit glorieux d'employer les revenus fuperflus du clergé, puifque l'ufage en feroit alors conforme aux loix de la religion & de la nature; mais, indépendamment de cette deftination, il s'en préfente une infinité d'autres : l'augmentation des forces de l'état, la faculté certaine de pouvoir, fans furcharger les peuples, récompenfer les fervices de ceux qui ont travaillé avec fruit & avec zele pour la fociété; des établiffemens pour l'éducation, le foutien des familles honnêtes & pauvres, & beaucoup d'autres moyens de foulager ceux qui en ont befoin, ne méritent pas moins l'attention du prince que les defirs exceffifs & la foif d'or infatiable de ces hommes qui, pour être féparés en quelque façon de la fociété, ne lui font pas moins inutiles & à charge. Cette premiere queftion étant traitée, je paffe à la feconde.

Il eft certain qu'il y a dans le clergé un grand nombre de prêtres qui ne rendent aucun fervice à l'églife. Tous ceux qui ne font pas néceffaires au miniftere facré font des membres fuperflus qui tirent du corps une nourriture qui ne leur eft due à aucun titre ; il eft donc intéreffant de les retrancher ; & il eft évident qu'il y a trop d'eccléfiaftiques. Dans la claffe fuperflue font tous les bénéficiers qui n'ont point d'occupation que l'on appelle *Charges d'ame.* S'il n'y a pas trop d'évêques, chacun d'eux a au moins trop d'adjoints, & l'on doit en reftreindre le nombre, fuivant les néceffités de chaque diocefe. A fuppofer qu'il n'y ait pas trop de curés ni de vicaires, la répartition en eft mal faite : la vie d'un prêtre eft une vie laborieufe ; il doit travailler, pour ainfi dire, fans relâche, au falut de ceux qui font fous fa jurifdiction : pourquoi accorderoit-on à la plupart un nombre de vicaires qui affurent leur repos & leur permettent de fe livrer à la molleffe ? la religion fouffriroit-elle des diminutions propofées ? non fans doute :

elle en retireroit au contraire de grands avantages; elle n'auroit plus dans son sein des ministres qui la déshonorent par leur vie scandaleuse; elle ne perdroit rien dans la privation de ceux qui lui sont inutiles: les fonctions ecclésiastiques seroient bien remplies, indépendamment de ceux qui ne servent qu'à favoriser la paresse; & il n'est pas difficile de faire naître & de soutenir l'activité dans ceux qui par état doivent être tout entier au travail; la piété des peuples n'en seroit point altérée, ils murmurent tous contre le trop grand nombre d'ecclésiastiques, & ne s'offenseroient jamais de leur diminution; ils voyent avec jalousie les biens immenses que possedent des hommes qui leur sont inutiles, & qui devroient être plus austeres pour eux-mêmes qu'ils ne le sont pour les autres. Ils seroient plus portés à la vertu lorsqu'ils ne verroient dans les prêtres qu'un zele plus actif & moins intéressé; la religion moins déshonorée dans ses ministres en deviendroit plus respectable, & le prince qui auroit opéré un changement si salutaire ne seroit pas moins grand aux yeux de Dieu qu'à ceux des hommes. L'état y gagneroit beaucoup, en ce que l'église préfentant moins d'appas, on feroit moins portés à y entrer; le nombre des eccléfiaftiques étant plus petit, celui des citoyens augmenteroit à proportion de cette diminution, & la fociété enrichie des talens de plufieurs de fes membres qui lui auroient été inutiles, en deviendroit néceffairement plus floriffante. Tel qui auroit été un mauvais prêtre, un prêtre oifif, feroit un bon militaire, un bon juge, un bon magiftrat; il feroit un bon pere de famille, & tant par lui que par fes rejetons, il feroit d'une grande utilité à fa patrie. Mais par quels moyens pourroit-on reftreindre le clergé à ce nombre raifonnable qu'exige les néceffités des peuples? Cela paroîtra peut-être un peu embarraffant, fi quelque chofe en ce genre étoit difficile à un fouverain guidé par la fageffe & foutenu par la fermeté : le roi pourroit s'emparer des revenus de tous ceux qui font dans le cas de la réforme dont j'ai parlé, & leur affigner des penfions fuffifantes pour vivre felon leur

état; impofer à chaque bénéficier en exercice des fonctions eccléfiaftiques, l'obligation de payer exactement ce qui auroit été
jugé lui être fuperflu, & ordonner à meffieurs les évêques de n'admettre aux ordres
facrés que le nombre de fujets néceffaires
dans chaque diocefe, lequel nombre feroit
fixé par des juges non fufpects. Pour les
deux premiers objets, on pourroit ufer
d'une plus grande modération; & fi l'on
vouloit continuer les faveurs à ceux qui les
ont reçues, le roi feroit des réglemens pour
s'approprier les capitaux à chaque extinction, en laiffant les revenus à ceux qui font
utiles à l'églife. D'ailleurs, fi ce projet étoit
approuvé & reçu, les moyens de l'exécuter
ne manqueroient pas; il en exifte beaucoup
qui font également faciles & certains.

J'ai déjà prévenu quelques objections que
l'on pourroit me faire fur le deffein que j'ai
expofé; il en exifte encore deux qui fe pré-
fentent affez naturellement à plufieurs perfonnes, je crois devoir y répondre.

Si les richeffes du clergé, dira-t-on,
étoient uniquement employées aux plaifirs

& aux défordres des eccléfiaftiques, ce feroit là un véritable abus qui exigeroit une
réforme, mais la plupart des biens de l'é-
glife font accordés à des prêtres iffus de
familles qui méritent des égards, à raifon
des fervices qu'elles ont rendus à l'état, &
ces mêmes bénéficiers partagent avec elles
leurs revenus, ils font l'appui de leurs maifons. Je ne blamerois pas cette deftination
fi elle étoit auffi réelle qu'apparente, &
qu'elle fut faite avec des mefures raifon-
nables; mais il s'en faut bien que tous les
prêtres rendent des fervices tels que ceux
qui viennent d'être défignés; il y en a quelques-uns qui font des largeffes à leurs parens, & il y en a beaucoup qui rapportent
tout à eux-mêmes. Il eft des familles qui
s'enrichiffent d'ailleurs des dépouilles des
eccléfiaftiques fans y avoir aucun droit &
fans que le befoin leur en faffe un titre to-
lérable. La diftribution des biens de l'état
doit fe faire avec juftice, avec proportion,
avec compenfation, & ces trois objets ne
peuvent fe remplir tant que les biens publics feront entre les mains des prêtres.

J'ai exposé l'ufage qu'ils en font ordinairement; leur luxe, leur faíte, leurs dépenfes
perfonnelles, la vie commode & diffolue
que méne un très-grand nombre d'entr'eux, ne prouve pas que ces biens foient
employés licitement. Pour être enlevés aux
eccléfiaftiques, ils n'appartiendront pas
moins à l'état, & le roi n'eft pas moins
propre à en faire un bon ufage qu'eux; il
fera d'ailleurs affuré qu'ils feront diftribués
felon fa volonté, & pour une fin plus noble,
que de fervir à la dépravation ridicule de
ceux de fes fujets qui lui font les moins
utiles, & en font un ufage propre à faire
méprifer la religion.

On me demandera pourquoi rappellant
tout à un même centre, je mets tous les
biens de l'état à la difpofition d'un particulier qui, quoique roi, peut en abufer;
c'eft, répondrai-je, parce que ces biens
n'appartenant privativement à perfonne,
font des biens publics dont l'ufage & la
diftribution appartiennent de droit au chef
de la fociété, qui eft le roi; que l'on ne
peut gratuitement le fuppofer capable d'a-

bufer de fon pouvoir, tandis qu'il eft établi par l'expérience que les eccléfiaftiques abufent de ce qui leur eft confié pour fubvenir aux néceffités des malheureux.

Le clergé féculier n'eft pas la feule retraite que la religion offre aux hommes qui veulent fe fouftraire aux devoirs de citoyens, & aux loix de la fociété. Le clergé régulier eft encore un de ces aziles dangereux qui donne lieu à des abus effentiels à réprimer. Le nom de religieux femble refpectable par l'idée qu'il préfente naturellement, mais il n'eft qu'un voile qui couvre des objets dignes de mépris; il eft tems de l'écarter & de mettre aujourd'hui des vérités qui intéreffent la patrie. Les ordres religieux la privent d'un bien auquel elle a des droits; je vais dépeindre cette claffe d'hommes, & montrer que, non feulement elle eft inutile, mais nuifible à la fociété.

Un moine eft un homme qui, craignant les dangers du monde, s'en fépare, comme d'une région contagieufe, pour mener dans la retraite une vie plus réguliere & plus conforme aux préceptes & aux confeils de l'évangile; qui s'engage librement envers le ciel & devant Dieu, à des pratiques auſteres, à une vie pénible, à un éloignement univerſel de tout ce qui peut le flatter, & qui renonce ſolemnellement à toute rélation avec ſes ſemblables, excepté ceux qui ont embraſſé le même genre de vie que lui. Cette deſcription ne préſente en apparence rien que de louable, mais la choſe contient un vice réel que je découvrirai. Je pourrois auſſi définir un moine d'une maniere plus courte, plus claire & plus vraie, en diſant : c'eſt un homme qui fait profeſſion de ne penſer qu'à lui, de ne travailler que pour lui, qui renonce aux devoirs & non aux privileges de citoyen, qui ſe ſoumet à des obſervances auſſi ſingulieres que peu conformes à la nature, qui fait vœu de faire tout ce que les autres ne font pas, & de ne rien faire de ce qu'ils font. J'ai dit qu'un moine étoit difficile à définir, auſſi faut-il des conſidérations plus étendues pour le faire connoître. Je vais m'efforcer d'y parvenir.

Dans les premiers ſiecles de l'égliſe, la

religion éprouva de toutes parts des oppo-
sitions fortes à son établissement; elle étoit
trop contraire aux préjugés & aux passions
qui sembloient les plus douces, pour trouver un libre accès dans les cœurs. Les princes & les particuliers y voyoient la con-
damnation de toutes leurs actions, c'étoit
là un sujet d'improbation pour des hommes
assez accoutumés aux désordres pour les
confondre avec le bien, & ne pas connoître la nature des vices qui les dirigeoient
& les flattoient; elle exigeoit d'eux des sacrifices pénibles, & présentoit dans ses
dogmes les choses les plus difficiles à croire.
Comment auroit-elle pu gagner les esprits
& changer tout-à-coup les dispositions où
ils étoient? L'étendue des biens qu'elle pro-
mettoit eût été insuffisante pour porter à
l'embrasser; il ne falloit rien moins que la
sévérité des peines dont elle menaçoit les
coupables, pour opérer un changement général dans l'univers. Ces tourmens affreux
dont on a fait la base de toute notre conduite & le soutien de notre religion inspi-
rèrent de la terreur; certains hommes en

furent frappés au point de s'imaginer voir déjà les pluies de fouffre tomber fur eux pour les confumer, & les abymes ouverts fous leurs pieds pour les engloutir. D'une part l'efpoir le plus flatteur, & de l'autre, la crainte des châtimens les plus terribles, furent des mobiles preffans pour faire réfléchir les hommes fur leur état & fur la nature de la religion qu'on leur annonçoit; tous furent émus, & l'univers prefqu'entier fut chrétien. Parmi ceux-ci il s'en trouva quelques-uns qui, regardant la religion comme un joug dur & un fardeau infupportable, crurent ne pouvoir jamais remplir la multitude de fes préceptes & éviter les fautes les plus dangereufes dans leurs fuites, s'ils reftoient expofés aux occafions de les commettre. Le monde leur parut le chemin de l'enfer; pour s'y fouftraire, ils fe retirerent dans les déferts, avec deffein de s'y occuper des moyens d'éviter le naufrage dont ils fe croyoient menacés; l'idée d'un Dieu bon ne fut jamais préfente à leur efprit, ils ne le voyoient qu'armé de foudre pour les écrafer, à moins qu'ils ne fe chatiaffent rigoureufement eux-mêmes, en telle forte qu'ils fe regardoient dans la cruelle alternative de fouffrir en ce monde, ou d'éprouver dans l'autre les tourmens les plus affreux; ils étoient leurs propres bourreaux, & l'on reconnoiffoit moins en eux l'homme que l'efclave de la crainte la plus exceffive. Affaffins fans crime, martyrs fans tyrans, la pufillanimité les rendit cruels à eux-mêmes, & les plus malheureux de tous les êtres, fans aucune néceffité. C'eft ainfi que fe formerent les corps d'anachoretes; il leur fallut, lorfqu'ils fe réunirent, des regles pour prévenir la confufion, & des maîtres pour les gouverner; les premiers eurent des profélites, fe firent fuivre & imiter; donnerent des loix, & devinrent en même tems, pénitens, légiflateurs & fupérieurs; leurs difciples pleins du même efprit, formerent des communautés dont ils furent les chefs particuliers; de là vint & la multitude des moines & la variété de leurs établiffemens. Ils fe font livrés alternativement au zele & au relâchement; mais enfin, ce dernier a acquis affez de force pour paroître s'être perpétué ; & fi l'on excepte les difciples de St. Bruno ; quelques maifons de l'ordre de Citeaux qui ont confervé leurs ufages primitifs ou y ont fait des changemens qui n'y portent pas atteinte, le furplus des ordres religieux n'en a confervé que le nom.

Les moines enrichis par leurs propres travaux, & la libéralité de ceux qui fe trouvoient édifiés de leur conduite, cefferent bientôt de vivre réguliérement ; dès qu'ils poffederent & jouirent, leurs vertus clauftrales s'éclipferent, leurs loix refterent cependant les mêmes, mais elles manquerent d'obfervateurs; aujourd'hui même encore, ils font précifément le contraire de ce qu'elles prefcrivent. La pareffe a fuccédé à l'activité, l'inaction au travail, la molleffe à la mortification, l'intempérance à la fobriété, l'avarice à l'efprit de pauvreté, l'abondance aux privations, & tous les vices à toutes les vertus dont ces corps étoient ornés. On ne reconnoit plus de fimplicité dans leurs goûts & leur conduite; il leur faut des étoffes luftrées, un habillement

coquet dont on a retranché tout ce qui paroiſſoit tenir de l'ancien uſage ; il leur faut
des ſoyeries, des meubles en or & en argent, de la vaiſſelle, des palais pour leur
tenir lieu de cellules, des lits molets au
lieu de nattes. Conſidérons un moine dans
le monde & dans ſon cloître, nous le trou-
verons également éloigné de ſes devoirs : en
effet, qu'il en arrive un dans quelque compagnie, aucuns des uſages qui s'y pratiquent
ne ſeront propres à l'embarraſſer ; ſes diſcours ſur toutes ſortes de matieres ſeront
des plus libres, ſon oreille ne ſe bleſſera de
rien, tous les jeux lui conviendront, il ſaura
s'accommoder à toutes les foibleſſes des
hommes, ſe faire tout à tous ; toutes les
paſſions ſimpathiſeront avec ſon cœur. Fat
avec les orgueilleux, téméraire avec ceux
qui ſont hardis, ſans retenue avec les diſ-
ſipés, libertin avec les voluptueux, les manieres aiſées tiendront en lui de l'indécence,
tous les plaiſirs ſeront de ſon goût, & les
moins permis ſeront ceux qui lui plairont
le plus ; la gêne l'irritera, & les ſcandales
ne l'arrêteront que très-peu. Si tous les
religieux

religieux ne méritent pas le portrait que je viens de faire de leur conduite, au dehors, au moins, il convient à un grand nombre, & il n'en est presque point dans qui l'on puisse reconnoître l'homme qui a fait vœu de pauvreté, qui a embrassé une vie austere, qui a renoncé à tous les plaisirs ; on y trouvera l'amateur du monde plutôt que le solitaire amateur de la retraite ; l'ami des voluptés, l'ennemi de la retenue, & l'homme redoutable au sexe.

Entrons actuellement dans les retraites des moines, & examinons y aussi leur genre de vie. Nous ne nous attendons sans doute pas à voir de simples toits, des visages macérés par la pénitence ; la vallée d'absinthe n'est plus qu'un lieu de délices, & la demeure des solitaires conviendroit à des mondains. Au lieu d'humbles cellules destinées à loger des pauvres, les moines habitent des palais magnifiques, les richesses y brillent de toutes parts, l'utile & l'agréable s'y trouvent avec profusion ; on y remarque tout ce que l'homme riche & fastueux peut posséder & desirer ; les repas y sont longs

& délicats; la table des religieux est semblable à celle du plus riche financier; le
gibier, le poisson, les nourritures exquises,
les vins les plus fins y abondent, les plaisirs que l'on y goute y attirent les étrangers; les repas fréquens, les promenades,
la chasse, la pêche y partagent le tems;
quelques offices récités à la hâte sont la
seule interruption que l'on met aux plaisirs,
& il est très-peu de moines qui, à la fin
du jour ne puissent se dire, chacun en particulier : je n'ai pensé qu'à moi, je n'ai
travaillé que pour moi, de la maniere la
plus vaine, je n'ai fait de bien réel ni pour
moi, ni pour le ciel, ni pour les hommes.
Doit-on être surpris si l'ignorance crasse
est commune dans les ordres religieux?
Des gens qui ne sont occupés qu'à repaître
leurs corps de la maniere la plus excessive,
qui ne cherchent que des vanités, peuvent-
ils acquerrir des connoissances? Quelques
années d'études passées sur les bancs, plutôt par forme que par désir de s'instruire,
sont-elles suffisantes pour orner un esprit
qui, bientôt après ce tems, sera comme

abſorbé par le tourbillon des choſes extérieures? Combien n'y a-t-il pas de moines
qui ne ſont capables, ni de comprendre,
ni de parler; qui n'expliqueroient pas leur
bréviaire ou un ſeul verſet de l'écriture?
Le ſacerdoce acquit ou plutôt arraché, leur
eſt un titre pour ſe livrer à une molleſſe
extrême, &, parés de la belle inſtruction
dont j'ai parlé, ils ſe repoſent à l'ombre de
leurs lauriers; ils croient en ſavoir toujours
aſſez pour boire, manger & ſe divertir, &
en cela, ils n'ont pas tort. Comment au-
roient-ils quelques bonnes qualités? Tous
les moines d'aujourd'hui ne ſont tels que
par ſurpriſe, par néceſſité ou par libertinage: la noire envie, la baſſe flatterie, la
duplicité, la trahiſon ſont des défauts qui
leur ſont communs. Si l'un d'entr'eux, par
préférence légitime ou ſans fondement, ſe
trouve deſtiné à quelque place, il aura bientôt occaſion de connoître le venin caché
dans l'ame dé ſes confreres, ils n'épargne-
ront rien pour le faire paroître indigne de
la faveur qu'on lui a offerte, où qu'il a ſol-
licitée. Pour ſe mettre en ſûreté contre les

traits de l'ambition, de l'animofité & de la malice la plus odieufe, il devra être fans ceffe fur fes gardes & regarder tous ceux avec lefquels il vit comme des ennemis redoutables; il faudra qu'il foit, à fon tour, double, traître, infidele, & qu'il foit affez malheureux pour tout facrifier à fon intérêt propre, fans confiderer fi les autres en feront bleffés ou non. Il eft très-rare d'entendre un moine dire du bien d'un autre, & reconnoître en lui quelques vertus qui ne foient pas obfcurcies par des vices plus grands, & rien n'eft fi commun que de les entendre fe blâmer mutuellement. Il n'y a que des barbares qui puiffent s'entre-déchirer ainfi; les tigres s'impathifent enfemble, & les moines ne fe fupportent pas. Mais fi leur conduite nous paroît blâmable, le portrait de celle de leurs chefs nous fera horreur, & excitera notre indignation entiere.

Les fupérieurs religieux font des moines élevés au-deffus des autres pour les édifier par leurs bons exemples, & les précéder dans la pratique des vertus clauftrales; ils font choifis pour diriger leurs femblables, leurs égaux dans les sentiers de la justice, & dans les voies de la pénitence; ils ne doivent s'en distinguer que par une plus grande régularité ; leur autorité ne doit être connue que par la charité, la douceur & la bienfaisance. Ils sont chargés de l'administration d'un ou de plusieurs monasteres pour le plus grand bien de la religion & le bonheur de ceux qui leur sont soumis : ils ne doivent jamais oublier que c'est moins pour eux que pour les autres qu'ils sont élevés en dignité, & qu'il n'y a de différence entre celui qui commande & celui qui obéit qu'en ce que le premier doit montrer au second l'exemple de tout ce qu'il doit faire; en effet, peut-il exhorter à l'humanité s'il se montre vain? Peut-il inviter & forcer au travail s'il vit dans l'oisiveté? Peut-il inspirer l'esprit de recueillement & l'amour de la retraite, s'il vit dans une dissipation continuelle & qu'il soit l'ami du monde? Comment des religieux peuvent-ils aimer la sobriété, s'ils ne la regardent que comme un moyen économique pour faciliter l'intempérance de leur supérieur ? Qu'un abbé recommande à ses moines l'esprit de pauvreté & qu'il dispose des biens communs comme des siens propres, ses travaux & ses discours seront inutiles. Combien il s'en faut que les supérieurs des communautés ayent les qualités qui leur sont nécessaires ! l'orgueil, la fatuité arrogante doivent déplaire à tout le monde ; celui qui méprise ses semblables est indigne de vivre, il est le plus vil de tous les êtres. Que doit-on donc penser d'un moine-abbé qui, surpris & enflé de ce nom, regarde ses religeux du haut de sa grandeur comme des insectes qui doivent ramper à ses pieds, & ne sont faits pour se comparer à lui, à aucun titre ; d'un moine qui, forcé par des usages, des regles, & par son état d'avoir avec eux des relations qui sembleroient exiger une certaine liberté, se montre par-tout en maître inaccessible, en roi, en despots ? Oui, le gouvernement des ordres religieux est despotique & pire encore ; la supériorité y est une vexation cruelle, surtout dans certains ordres dont les législateurs ont établi des regles assez ridicules pour tout faire dépendre du caprice d'un feul homme, & où les privileges ufurpés par les chefs & appuyés par le tems & les coutumes, ont en quelque façon pofé les fondemens d'une tyrannie abominable. Un abbé s'arroge le droit de difpofer des revenus du monaſtere auquel il a été prépofé ; il ne s'en fert ni pour le bien de fes religieux, ni pour celui de fa communauté, les pauvres n'ont aucun accès auprès de lui, mais tout eft employé à un luxe & un faſte qui lui font perfonnels. Il faut à un moine-abbé une table particuliere où tout abonde ; il lui faut des laquais, des chevaux en quantité, des carroſſes ; & ces religieux ne peuvent pourvoir à leurs befoins que par des fecours étrangers qui fouvent gênent beaucoup les familles. Ce moine, chargé d'une croix d'or, eft prefque toujours dans le monde, foit chez lui, foit au dehors, & vole de plaifirs en plaifirs, tandis qu'une partie de fes confreres eft foumife à une régularité qui ne peut leur paroître que très-gênante, lofqu'ils voient leur femblable, leur égal fe décharger fur eux de toutes les fonctions pénibles du monastere, & leur aggraver le joug de la religion sans les aider à le supporter. Il y a à parier que, dans toutes les abbayes régulieres, les deux tiers des revenus sont employés uniquement à satisfaire les caprices, les dissipations ou même le libertinage des abbés; je dis le libertinage parce qu'il en est plus d'un qui, sur cet article, ne sont point délicats; il en est peu à qui on ne pourroit reprocher des débauches, & qui ne se soient assurés les moyens de satisfaire leurs passions. On a vu des femmes vivre publiquement pendant plusieurs années dans des monasteres, dans la plus grande intimité avec l'abbé, y regner en maîtresses, partager sa tyrannie & servir à ses plaisirs, au grand scandale des religieux & du public. On pourroit citer des exemples de cette espece de désordre, & de plus frappans encore: les moines ont montré dans leurs excès une audace dont le monde n'eut jamais été témoin sans eux.

Qu'un abbé soit fastueux, qu'il soit orgueilleux, qu'il méprise ses religieux, qu'il s'approprie les revenus de leur maison, qu'il soit débauché & même scandaleux; ce sont sûrement là de grands maux, & des crimes que l'on ne peut voir sans indignation; mais qu'il soit sujet à prévention, qu'il commette des injustices, qu'il soit cruel, ce sont des abus qui révoltent & demandent d'être réprimés, ils sont réels. Le sort d'un moine dépend uniquement de l'opinion de son supérieur, c'est de lui qu'il attend tout; & que n'a-t-il pas à craindre de la part d'un homme tel que celui que j'ai dépeint? La malignité & l'indisposition de ses confreres sont pour lui des ennemis toujours présens & toujours dangereux; les faux rapports, les accusations injustes, les imputations odieuses sont fréquentes dans le cloître, & elles y ont les suites les plus fâcheuses; il n'est pas permis à un innocent de s'y justifier, il lui suffit d'être accusé pour être traité comme coupable. Qu'un religieux ait le malheur de commettre une faute; quelque légere qu'elle soit, elle sera punie avec la plus grande sévérité; une accusation, une foiblesse suffiront pour le

perdre pour toujours. Les verbérations,
les emprisonnemens font communs dans
les cloîtres; un fupérieur fait mettre fans
pitié à la queftion un religieux comme un
criminel, il le réduit dans des cachots plus
affreux que ne font ceux des prifonniers
d'état, & fi des ordres les plus fages ont,
depuis quelque tems, prohibé ces excès
clandeftins, il ne refte pas moins à un chef
vindicatif les moyens d'appuyer fes démarches. Il femble que la protection des loix,
l'équité des juges & la bienfaifance du
prince devroient venger l'innocence opprimée: mais par quels moyens feroit-elle
connue? Des crimes qui n'ont jamais exiftés
paroiffent publics, ils font atteftés par des
témoignages qui femblent annoncer la réalité. Un fupérieur religieux a à difpofer d'un
grand nombre de places; l'ambition des
concurrens eft toujours prête à favorifer
fes paffions, & la crainte des maux qu'il
peut faire lui foumet ceux qui ne le font
pas par leurs prétentions. Lorfqu'il veut
perdre un religieux, il expofe contre lui des
accufations affreufes, les propofe comme

constantes, en dresse procès verbal & le fait signer à un tas de monstres lâches ou rampans qui n'osent ou ne veulent point contredire une assertion faite par celui de qui ils attendent leur fortune ou leur malheur. Ce moine, tout-à-la-fois, juge, accusateur & témoin, s'autorise d'une telle preuve de conviction pour donner un libre cours à sa haine & exercer ses cruautés ; il fait souffrir un malheureux pendant long-tems, & le terme de ses tourmens monastiques est une prison publique dans laquelle il est conduit en vertu d'une lettre de cachet obtenue sur un exposé qui avoit tous les caracteres de la vérité ; cette conduite détestable est assez particuliere aux abbés de Bernardins, mais celle des supérieurs subalternes de tous les ordres religieux n'en differe que par une moindre puissance ; la fierté, les rapines, les injustices & la dureté leur sont communes avec les premiers ; les moines sont malheureux, quel que soient les apparences de leur bonheur, il n'est point de situation qui ne leur parût préférable au genre de vie qu'on leur fait mener. Le portrait que j'en ai fait ne doit rien laiffer à defirer fur tout ce qui les concerne; on doit en avoir une connoiffance parfaite, cependant leurs vices fourniffent toujours au pinceau, & de nouvelles confidérations nous montrent de nouveaux traits auffi odieux que les premiers.

L'homme qui fe fouftrait à la fociété n'eft pas pour cela dégagé des devoirs qu'elle lui impofe : je n'examine point fi l'état de religieux eft un obftacle invincible à l'obligation qu'ont tous les fujets d'un état de travailler au bien public. Quelque finguliere que paroiffe la conduite de celui qui, après avoir reçu des fecours d'un corps dont il doit être membre, s'en fépare pour former un tout particulier, dans le tems où il pourroit commencer à contribuer au bien général, fans renoncer à la participation, mais feulement au concours qui le procure; je ne veux point établir que l'état de moine & de citoyen font incompatibles, & que le premier eft effentiellement contraire au fecond. Peut-être que fi les ordres religieux euffent fu conferver leur premier efprit, &

qu'ils euffent marchés fur les traces de leurs peres, ils auroient été fufceptibles de quelque bien ; mais je ne crains point d'avancer que tels qu'ils font aujourd'hui, ils font inutiles & même à charge à la fociété : quel fervice pourroient-ils lui rendre ? oififs par état, toutes leurs actions fe rapportent à eux-mêmes ; féparés du monde, ils n'ont de relations avec lui que pour participer à fes plaifirs ; ils font incapables de toutes fonctions publiques ; ils y ont renoncé folemnellement par leurs vœux. Les vues qui conduifent dans le cloître font de favorifer la pareffe, & de vivre commodément ; la vie des moines eft exactement conforme à ce deffein ; à peine font-ils des hommes, comment feroient-ils des citoyens ? n'eft-ce pas être à charge à la fociété, que de jouir de fes biens & de n'y contribuer d'aucune maniere ? les richeffes, les talens de toutes les efpeces, les travaux de tous les hommes ne font-ils pas des biens publics auxquels les moines participent comme les autres membres de l'état, & encore plus ? l'artifan, le négociant, le militaire, l'homme de loix, & tous les autres citoyens ne travaillent-ils pas pour le moine? pourquoi celui-ci ne feroit-il rien pour eux? La dépense des religieux excéde celle des autres particuliers, par conséquent un plus grand nombre de personnes travaille pour eux; à quel titre celui qui contribue le moins au bien public, y participeroit-il le plus? Le laboureur qui cultive les terres des moines n'employe-t-il pas son tems en pure perte pour la société, puisqu'il ne travaille pas pour des citoyens? ne puis-je pas faire le même raisonnement sur toutes les personnes dont ils tirent quelqu'avantage? Est-il douteux qu'un corps qui souftrait à la société un grand nombre de citoyens qui pourroient lui être utiles de diverses manieres; qu'un corps qui jouit d'une partie considérable de ses biens, qui possede comme en propre des richesses dont tout autre usage seroit plus avantageux; qu'un corps qui ne considere que son profit particulier en toutes choses, ne soit nuisible & à charge au public? L'état éprouve donc, de la part des ordres religieux, un dommage réel; & la société souffre nécessfairement de leur établiſſement. Faut-il de plus puiſſans motifs pour fixer les regards du prince, & le déterminer à réformer des abus qui nuiſent à ſes ſujets & à lui-même? Mais quels moyens employeroit-on pour cette réforme? ſuffiroit-il de rappeller les religieux à leur inſtitut primitif, de leur enlever les biens qui leur ſont ſuperflus, & d'annuler les conſtitutions qui peuvent les avoir écarté de leurs regles? ce projet ſeroit difficile à exécuter : on ne forcera jamais les moines à travailler s'ils ne le veulent pas; on ne les forcera pas à prier avec conſtance, avec piété; on ne parviendra jamais à faire d'eux des ſolitaires, de véritables religieux; ce ſeroit faire violence à l'homme, lui ôter l'uſage de ſa liberté, & lui impoſer des obligations auxquelles il n'a pas voulu ſe ſoumettre. Celui qui a connu la maniere dont on vivoit dans un ordre où les uſages qui ſembloient avoir force de loix, y eſt entré pour ſuivre ces uſages, il n'a pas eu intention de s'engager à un genre de vie plus auſtere que celui qu'il a embraſſé; c'eſt un abus, mais qui ne doit

pas lui être imputé au point de le forcer à
être ce qu'il n'a pas voulu ; ce feroit une
auffi grande injuftice que fi l'on faifoit aujourd'hui paffer un religieux de la commune
obfervance dans la plus ftricte, ou que l'on
força un féculier à entrer dans un cloître :
pourroit-on raifonnablement faire un Tra-
pifte d'un Bernardin, ou un Bernardin d'un
homme libre & fage ? Il feroit d'ailleurs
toujours vrai que la fociété, malgré ces
moyens, feroit privée d'une partie de fes
citoyens, & que des hommes faits pour
travailler au bien public, refteroient inutiles
à l'état. Il eft donc néceffaire de confidérer
les ordres religieux comme une mauvaife
herbe qui s'accroîtra, fe multipliera & tirera
des fucs néceffaires aux bonnes plantes, fi
on ne l'arrache entiérement : on doit les
regarder comme un poifon dangereux, dont
la plus petite partie eft capable d'infecter
tout ce qui en fera atteint, & qu'il faut détruire abfolument, fi l'on veut prévenir fes
effets terribles, & s'y fouftraire avec fûreté;
oui, il faut détruire les ordres religieux; je
ne crains point de répéter cette propofition,

tion, le bien de l'état l'exige, la religion y eft intéreffée : il eft important à l'églife de n'avoir plus dans fon fein des fcandaleux qui font tout-à-la-fois odieux aux peuples, ennemis de tout bien, & qui ne lui appartiennent que par les richeffes immenfes qu'ils poffedent ; la religion ne paroîtroit plus ridicule & méprifable dans ceux qui en devroient être les appuis. Leur deftruction eft auffi l'objet de leurs propres vœux : ils font mécontens & malheureux, j'en ai donné les raifons : ils fouffrent d'être obligés de fe contraindre dans leurs défordres ; la domination les irrite ; le gouvernement auquel ils font foumis, fans avoir le bien pour objet & la religion pour principe, eft néanmoins infupportable. Les fupérieurs indépendans qui ne trouvent dans le cloître que des biens dont l'ufage eft propre à fatisfaire leurs paffions, feroient fans doute fâchés de leur fuppreffion ; peut-être même que fi les moines étoient confultés par leurs chefs fur leurs intentions, la crainte & une diffimulation qu'ils regarderoient encore comme néceffaire, leur arracheroit une approbation

apparente en faveur de la ſubſiſtance de leur
état; mais ſi l'on recueilloit leurs avis donnés librement, ſi un homme integre & non
moine, au moins de cœur & d'eſprit, étoit
chargé de ſcruter en ſecret le cœur de chaque religieux, je ſuis perſuadé que le plus
grand nombre regarderoient leur ſéculari-
ſation comme un bien réel, & qu'ils de-
manderoient avec beaucoup d'empreſſement d'être délivrés d'un joug qui leur eſt
dur & odieux. Quel motif pourroit donc
empêcher, même retarder l'exécution du
deſſein que je propoſe? il n'exiſte contre lui
ni difficultés ni obſtacles; & s'il y en a quelques - uns en apparence, je les applanirai
facilement; mais auparavant, je dois remplir les objets que j'ai annoncés, & faire
quelques conſidérations ſur les ordres mendians & les couvens de femmes.

Des dévots tranſportés d'un zele extravagant ſe ſont perſuadés que la religion exigeoit d'eux qu'ils parcouruſſent le monde,
comme des oiſifs vagabonds, dans le ſeul
but d'édifier le public par leurs bons exemples, & d'annoncer aux peuples, de la ma-

niere la plus originale, des vérités qu'ils avoient entendues mille fois de la bouche de leurs propres pafteurs. Plufieurs fanatiques de cette efpece étant réunis, ont formé des corps de religieux ambulans, qui dans des fiecles dévoués à l'ignorance & à la fuperftition, ont obtenu des approbations trop faciles & des privileges abufifs. Le peuple toujours avide de nouveautés a cru voir venir à lui d'autres meffies, de nouveaux apôtres envoyés de Dieu, pour renouveller le premier efprit du chriftianifme, & faire renaître l'ancienne ferveur dans tous les cœurs. Ils ont été accueillis par les fideles, par le clergé même, & ils ont profité de cette difpofition favorable pour fe multiplier & remplir toute la terre. Un de leurs principaux devoirs eft de ne rien pofféder, de ne rien acquérir, de renoncer à tout ce qu'ils poffédoient, de ne point travailler, même pour fubvenir à leurs néceffités ; il leur a paru plus commode de laiffer ce foin à ceux à qui ils feroient part de leurs biens fpirituels ; ainfi leurs vêtemens, leur logement, leur nourriture, &

tous leurs befoins font tombés à la charge du public : tel a été leur noble deffein, & l'ardeur de leur zele. Ne femble-t-il pas voir quelques hommes former le projet de lever fur le monde entier un impôt & des fubfides.

Je n'entends point jeter un voile ténébreux fur les vertus des fondateurs de ces ordres ; ils ont tout fait pour la plus grande gloire de Dieu : ne confidérant les chofes d'ici-bas que comme des riens, il n'eft pas furprenant qu'ils n'ayent pas confulté les intérêts des hommes, & que leur genre de vie fe foit trouvé contraire au bien public. Ce qui n'étoit autrefois qu'une imperfection, un défaut de confidération, qui fembloient ne pas devoir fe trouver dans des faints & des dévots, eft devenu aujourd'hui un grand mal ; ce qui a pu être toléré ne peut l'être dans des tems plus éclairés, & tels font les ordres mendians. Ils fe font plus multipliés que les autres ; il y a peu de villes, bourgs où il n'y ait des capucins ; que faut-il en conclure ? L'auftérité n'eft pas toujours jointe à une profeffion auftere ; ceux qui ont renoncé à tout ne poffedent, il eft vrai, aucun bien, mais que leur importe? les biens publics font les leurs; dans la plus grande pauvreté, rien ne leur manque, & vingt mendians ne font point embarraffés pour trouver dix mille francs dans un arrondiffement de quelques lieues.

Il y a donc dans le royaume un grand nombre d'hommes qui fe féparent de la fociété pour mieux participer à fes biens, qui la privent d'un très-grand nombre de citoyens & font dans une fituation où ils ne peuvent en remplir les devoirs ; qui jouiffent des richeffes de l'état fans y avoir aucun droit. Que l'on prenne dans quelque endroit que l'on voudra, vingt perfonnes fans choix ni diftinction, ou trois familles compofées du même nombre, dans la claffe intermédiaire de la fociété, elles ne jouiront furement pas d'un revenu égal à celui que confomment vingt mendians. Supporter de tels hommes dans un état, c'eft donc fouffrir que de véritables citoyens foient privés d'un bien public pour le donner à des hommes qui ont renoncé à la société & ne se regardent point comme en étant les membres. Si de nouveaux fanatiques se présentoient pour s'établir sur le même pied, à supposer même qu'il n'en existât point de semblables, on ne les admettroit certainement point, ainsi les mêmes motifs qui existeroient dans ce cas pour les rejetter, existent aussi pour supprimer ceux qui nous sont à charge. Est-il donc si difficile d'arracher une vigne qui ne porte aucun fruit ? L'autorité est entre les mains du prince ce qu'est la coignée entre les mains de l'ouvrier, il est chef de l'état pour en détruire tous les maux, y opérer le bien de toutes les manieres, & il lui est important, il lui est facile de supprimer les ordres mendians.

Il me reste à traiter de ces maisons où le sexe trouve un azile propice à ses vertus apparentes, & où les familles déposent en sureté des rejettons trop foibles pour se défendre d'une impulsion qui demanderoit une forte résistance. Le même principe qui a fait naître les ordres religieux pour les hommes a été la source de ceux qui ont été créés pour les femmes ; ils font en très-grand nombre, & comme dans la premiere claffe, il y en a de rentés & de mendians, il y en auffi dans celle-ci. Les raifons générales que j'ai données pour la deftruction des uns, conviennent également à ceux de l'un & l'autre fexe. Les femmes enfermées dans les cloitres, font vraiment des membres de la fociété, elles étoient fafceptibles de grands biens, pourquoi fe font-elles impofées l'obligation de n'en point faire ? N'eft-ce donc rien que d'être bonnes meres de famille, d'être filles vertueufes, de confacrer toutes fes facultés & fes talens, en faveur de la fociété & dans fon fein ? il eft certain que les biens dont jouiffent les religieufes rentées, font des biens de l'état, l'ufage peut & doit en être plus utile que de nourir dans l'aifance, une multitude de fainéantes dont l'ame dévote & mielleufe craint la moindre peine ! eft - il rien de fi ridicule que de mettre le public à contribution pour fournir aux befoins & aux commodités d'un amas de femmes qui fe réuniffent pour at-

tendre des générosités & vivre honnêtement dans une pauvreté abondante? Cette
réflexion concerne les religieuses mendiantes. La nécessité de réformer les unes & les
autres est suffisamment établie, mais il en
existe d'autres qui leur sont spéciales. La
vie religieuse quelque douce qu'elle paroif-
se, n'est pas de nature à pouvoir être em-
brassée aussi indifféremment que tout autre état ; il faut pour vivre dans la retraite
& sous des maîtres, une indifférence absolue pour le monde & une disposition invariable à la soumission ; or, quelle est la
fille pour la quelle le monde n'ait rien de
flatteur, qui chérisse une domination pres-
qu'absolue ? quelle est celle , par conséquent, qui embrasse le cloître par goût &
avec inclination , & si elle y a des dispositions contraires , peut-elle n'y pas être
malheureuse? une fille se résou-t-elle librement & de sang froid à ne jamais voir
d'homme & à vivre toujours avec des personnes de son sexe ? où est celle qui n'ait
pas de la vanité, qui n'aime pas à plaire , qui ne soit pas sensible aux plaisirs du

monde ? où est celle, par conséquent qui renonce à toutes ces choses & qui se consacre volontiers à un genre de vie dans lequel rien ne peut la flatter & où ses desirs sont sans cesse contrariés ? Quels sont les motifs qui déterminent une fille à embrasser le cloître ? le défaut d'une fortune suffisante pour soutenir un état fastueux dans le monde, un libertinage qui ne permet plus d'y rester avec honneur, le désespoir de n'avoir pu réussir dans tel ou tel projet, & plus souvent encore les sollicitations importunes d'une famille qui, pour des intérêts secrets, une préférence hors de place, quelquefois une haine insurmontable, veut, à quelque prix qu'il en coûte, diminuer le nombre de ses membres & se débarasser de ceux qui lui paroissent à charge ; telles sont les causes qui déterminent à entrer dans le cloitre : qu'en résulte-t-il ? Une fille cede à des impressions trop fortes, elle prononce des vœux, elle prend des engagemens irrévocables, & bientôt, les chagrins, les regrets, le désespoir suivent son sacrifice apparant : tout ce qui l'environne lui déplait, tout ce

qui eſt hors de l'enceinte des murs qui la re-
tiennent captive, l'appelle ſans ceſſe; le cloître eſt pour elle une priſon plus affreuſe que
les cachots ne le ſont pour un criminel, elle
y paſſe des jours pleins d'amertumes, & ſi
elle paroît ſatisfaite, c'eſt parce qu'elle a le
talent & la prudence de dévorer ſes peines
en ſecret. Le mécontentement des religieuſes met la diſſention parmi elles, la tranquillité & la paix n'y regnent jamais, & il ne
faut pas en être ſurpris, l'intérêt, la crainte, la ſurpriſe & la violence n'ont jamais
formés des nœuds doux, mais plutôt un
joug inſupportable & accablant, qu'un lien
tiſſu par l'honneur & la vertu. Peut-on ne
pas reconnoître un vice eſſentiel dans un
établiſſement de cette eſpece? n'eſt-il pas
du devoir du prince de le détruire, pour
peu qu'il s'intéreſſe au bien public & au
bonheur de ſes ſujets?

Des projets auſſi vaſtes de deſtruction paroîtront aux uns comme mal con-
çus, à d'autres comme impoſſibles dans
leur exécution; il eſt juſte de ſatisfaire à
leur incertitude en la détruiſant. On peut

m'objecter, en faveur des ordres religieux des différentes efpces dont j'ai parlé, que les uns font adonnés à la priere, & qu'il eft néceffaire qu'il y ait des hommes plus fpécialement confacrés à la religion, afin de mettre, en quelque façon, l'équilibre entre la fomme des iniquités qui fe commettent, & la quantité des réparations. On me dira que je ne dois pas attribuer à un corps les fautes de quelques uns de fes membres, qu'il eft des ordres exempts de fcandales & dont la vie eft irréprochable, comme j'en fuis moi-même convenu ; que parmi les moines, il en eft qui exercent avec fruit le miniftere eccléfiaftique, d'autres qui donnent leurs foins aux infirmes, à l'éducation de la jeuneffe ; que la retraite eft pour tous les hommes un moyen plus facile de faire leur falut, de travailler à la méditation, à l'interprêtation, l'explication des faintes écritures, & d'acquerrir des connoiffances fublimes & utiles au bien public. On me reprochera de vouloir enlever aux ordres religieux un bien qui leur appartient, d'ôter aux familles des reffour-

ces avantageufes pour placer leurs enfans ;
& enfin on me demandera par quels moyens
je puis faciliter l'exécution de mes defleins.
Toutes ces queftions font déjà, pour ainfi
dire répondues, par ce que j'ai dit jufqu'à préfent : cependant j'ajouterai encore à ce que j'ai
dit, quelques réflexions, afin de répandre un
plus grand jour fur des objets qui femblent
enveloppés de ténebres lorfqu'on ne les confidere pas avec un œil impartial, mais avec
prévention.

Les ordres religieux prient pour ceux qui
vivent dans l'oubli de leurs devoirs : voilà une
occupation bien refpeɛtable ; mais qu'on me
permette de le dire, ce n'eft pas celle des moines. Il en eft qui vivent dans une moindre diffipation que les autres & que l'on peut, à jufte titre, appeller des hommes d'oraifon ; mais
le plus grand nombre furpaffe les mondains
mêmes en déréglemens, & ce ne font pas
quelques mots balbutiés fans attention, feulement par routine, fouvent par violence,
qui font propres à effacer les fautes publiques
& à fufpendre le bras de Dieu prêt à s'appé-
fantir fur les pécheurs. La conduite des moi-

nes eft plus propre à exciter la colere divine qu'à l'appaifer ; à peine rempliffent-ils leurs devoirs de chrétiens, comment fatisferoient-ils pour les autres ? On n'entreprendra fans doute pas de prouver que la piété, la dévotion, la régularité & la religion font leur partage ; leurs vices furpaffent leurs vertus, s'il s'en trouve toutefois parmi eux. Leurs devoirs perfonnels font même un fardeau qu'ils ne peuvent fupporter, comment feroient-ils des foutiens & des appuis pour les foibles ? La religion nous fait un devoir de prier les uns pour les autres & fur-tout pour la converfion des méchans ; mais je défie qu'on me montre un endroit de l'écriture qui en faffe un devoir fpécial, fi ce n'eft aux miniftres de l'évangile, aux fucceffeurs des apôtres. Cette obligation eft générale, & il n'eft ni précepte, ni confeil defquels on puiffe conclure que des hommes doivent fe faire un état de prier pour les autres, au mépris des loix fociales, & fur-tout de la maniere dont le font les moines de nos jours. Si quelqu'un venoit me prôner une femblable doctrine, je ne crain-

drois pas de lui dire qu'il n'annonce point
la religion du Chrift, & avec Saint Paul,
que fut-il un ange du ciel, il eft un menteur. L'efprit de recueillement n'eft pas
reftreint au milieu des forêts & dans l'enceinte des murs d'un cloître; il eft plus recommandé aux eccléfiaftiques qu'à tous autres; cependant perfonne ne doit plus être
dans le monde qu'eux; il y a des folitudes
dans fon centre même, & il n'a des écueils
que pour ceux qui s'y livrent, fi l'on ne
pouvoit y prier avec ferveur ni y conferver
fon innocence, tous les hommes devroient
pour plus grande fûreté fe faire moines.
L'apôtre qui nous a dit que pour ne point
voir de fcandales, il faudroit fortir du monde, n'avoit fans doute pas penfé aux folitudes & aux monafteres qui renferment des
prétendus faints; il auroit dit: allez voir
des moines, vivez avec eux, imitez-les &
vous ne verrez que des vertus, vous ne com-
muniquerez point avec l'iniquité. Prions,
mais prions en vérité & non comme des
fimulacres, prions à Romé comme à Pa-
ris, parce que Dieu ne confidere pas les

lieux d'où partent les prieres de ses vrais
serviteurs; le tems est venu où il n'est point
nécessaire de sortir de la société pour être
homme & citoyen; il n'y a point de distinction entre le Juif & le Gentil, Jérusalem
n'est plus la ville bien-aimée & la seule où
il soit permis d'adresser des vœux au Seigneur, il déteste les iniquités de Babylone
& non pas son nom & sa situation. Ce n'est
pas faire tort à un corps que de lui imputer
les vices de la pluralité de *ses* membres;
personne ne doute que les moines ne soient
bien loin d'être vertueux, sages & religieux.
En effet, mais tout le monde sait qu'ils
ont les qualités opposées à celles - là.
Quoi! parce qu'il y aura moins de scan-
dales dans quelques couvens & un peu plus
de régularité, il faudra tolérer les vices de
tous les autres? Dieu auroit, il est vrai,
pardonné aux villes proscrites s'il s'y fut
trouvé dix justes; mais, proportion gardée,
est-il bien sûr qu'on les trouveroit dans les
ordres religieux? Au reste, le prince n'agit
point en Dieu, il ne peut le faire qu'en
homme, lorsqu'il connoît des abus, il doit

les détruire, & pour un bien médiocre, il ne peut autoriser un grand mal. L'honneur reste toujours à qui il est dû, la destruction d'un ordre ne l'avilit point, lorsqu'elle est l'effet d'une loi générale & nécessaire. Le principe qui établit cette nécessité, pourroit être fondé, indépendamment du crime, sur la nature des ordres religieux & l'amour du bien public. Qu'ils ne se prétendent point employés au ministere ecclésiastique; de quels droits des moines veulent-ils être des apôtres? Cela est-il conforme à l'institution du sacerdoce? Jésus-Christ a-t-il jamais parlé à ses apôtres de suite des hommes, de séparation de la société & de toutes les fadaises qui constituent l'état monastique? Si le nombre des prêtres séculiers n'étoit pas suffisant pour remplir les besoins des peuples, il s'en suivroit, tout au plus, qu'il faudroit les multiplier, & non pas conserver des moines pour subvenir à leur défaut. D'ailleurs, ce que j'ai dit du clergé séculier, prouve que si tous ceux qui le composent étoient mis en activité, ils suffiroient & au-delà, pour exercer leurs fonctions.

fonctions. Je ne vois pas pourquoi il faut être moine pour avoir foin des infirmes & élever les jeunes gens; les talens ne font pas fpécialement attachés à cet état; les religieufes confacrées au fervice des malades, ne font pas charitables parce qu'elles font religieufes; une guimpe & un voile ne donnent ni vertu ni capacité; des prêtres féculiers font auffi propres à former la jeuneffe que des moines; & fûrement ils s'acquitteroient mieux de cette importante fonction.

Il faut, dira-t-on, des retraites où les hommes puiffent s'appliquer à l'étude & acquérir des lumiçres qui éclairent le monde; mais les monafteres ne font aujourd'hui ni des retraites ni des folitudes; la diffipation y eft plus grande que dans le tourbillon du fiecle même. Ceux qui ont le plus confervé leur premier efprit regardent les fciences comme vaines & inutiles; ils les méprifent comme telles; & les autres comme ne devant & ne pouvant y contribuer. Si la religion eft redevable aux moines de quelques biens dont elle ne jouiroit pas fans eux, les moines des fiecles paffés ne font pas ceux d'aujourd'hui, j'ai établi entr'eux une différence effentielle; d'ailleurs, où font ces productions de l'efprit humain qui ont des moines pour auteurs? Où font ces tréfors de lumieres que nous puifons & que nous avons puifé dans les cloîtres? Ils fe réduifent à rien ou à bien peu de chofe. Nous ne fommes plus dans des fiecles où l'ignorance générale donnoit une valeur exceffive aux chofes de peu de prix; on peut en tout fe paffer de moines, & il eft important à l'état de les exclure de fon fein; le tort qu'ils lui font ne peut être compenfé par aucun bien. Il y a parmi eux des gens qui ont ou qui auroient eu des talens diftingués, dont on auroit tiré de grands avantages; quand ils en feroient ufage dans le cloître, ce ne feroit jamais auffi brillamment avec des occafions auffi faciles & auffi fréquentes qu'au milieu de la fociété même.

La fuppreffion des ordres religieux ne violeroit point les droits de la propriété fur les biens qu'ils poffedent; ils font moins à eux qu'à l'état, ils n'en jouiffent que fous

le bon plaisir du prince, & il est le maître
de les employer à ce qu'il jugera plus conforme au bien public. D'ailleurs ceux qui
ne font point encore moines n'y ont aucun
droit, pas même apparence, & le projet
proposé ne tend point à en frustrer entiérement ceux qui en jouissent; ils en recevroient pendant leur vie la portion qui est
nécessaire à leur subsistance; & l'on ne se
persuadera jamais qu'ils aient droit d'étendre plus loin leurs prétentions. La concession qui leur feroit faite, feroit même une
grace dont ils devroient être reconnoissans,
parce qu'en changeant leurs constitutions
& leur genre de vie, on pourroit ne leur
accorder que ce qui est nécessaire à un état
pauvre tel que celui qu'ils ont embrassé.
Un droit fondé sur la superstition, le fanatisme, l'avarice, l'abus de la religion est
moins un droit qu'un abus, & tout abus est
bon à réformer; il n'est jamais trop tard.
Où feroit le pouvoir d'un souverain, s'il ne
pouvoit disposer, pour le plus grand avantage de la société, d'un bien public dont
un corps particulier abuse? Peres & meres

R ij

qui vous plaignez de ce que l'on vous ôte-
roit un moyen de placer vos enfans; un
moine eſt inutile à ſa patrie, il lui eſt nuiſi-
ble ; il eſt malheureux, il vous maudit cent
fois par jour, de l'avoir repouſſé de votre
ſein paternel pour lui faire contraƈter des
engagemens qu'il déteſte & qu'il ne peut
remplir. Les biens des cloîtres ſont des
biens de l'état, & pour n'être pas poſſédés
par des moines, ils n'en ſeront pas moins
tels, ils ne ſeront pas moins les vôtres ; ils
ſeront employés à l'utilité publique, au
bonheur de la ſociété; vous & vos enfans
êtes membres de la ſociété.

Je ne crois pas devoir m'étendre beaucoup ſur l'indication des moyens par
leſquels on peut opérer la réforme des
religieux rentés de l'un & de l'autre ſexe ;
ces moyens ſaiſiſſent tout le monde. Le
prince pourroit mettre leurs biens en régie
& établir pour les gouverner, une forme
d'adminiſtration la plus économique & la
plus profitable, aſſigner à chaque ſujet une
penſion proportionnée aux revenus de ſon
ordre & au bien ou mal être dans lequel

il y vivoit; à chaque extinction les richeffes de l'état augmenteroient, & enfin, il
jouiroit de toutes celles qui font à la difpofition inutile du clergé régulier. Des femmes & des hommes retenus dans le cloître
depúis long-tems, & qui foupiroient après
le plaifir, feroient peut-être tout-à-coup
une irruption un peu finguliere dans le
monde; mais outre que la plupart font dans
un âge qui permettroit de compter fur leur
prudence; peu parmi ceux & celles qui font
dans l'effervefcence des paffions, s'écarte-
roient des regles que fuggerent l'éducation
& l'honneur; ils feroient au refte, comme
peuvent être, à leur âge, d'autres perfonnes de leur fexe, ce qui n'eft point un mal
réel pour la fociété ni pour la religion, fi
on le compare à celui qui réfulte de leur
maintien dans l'état monaftique.

Les biens des ordres rentés font fuffifans
en outre pour produire le montant des penfions néceffaires à ceux qui font mendians;
mais fi l'on craignoit d'abforber, pour un
moment, l'avantage de la fuppreffion des
rentés, en confondant leurs revenus à la

subsistance des autres; on pourroit, comme second moyen, proportionner les suppressions de religieux mendians aux extinctions des pensions des rentés, en empêchant ceux qu'on n'auroit pu réformer tout de suite de se multiplier en recevant de nouveaux sujets. Ainsi dans peu de tems tous les ordres religieux seroient disparus de l'état. Ce projet & celui qui concerne le clergé séculier, conduits à leur exécution enrichiroient la société de citoyens, de talens, de trésors, & l'église & le cloître ne seroient plus des asyles préjudiciables pour ceux qui ne veulent pas faire le bien public.

Fin de la troisieme Partie.

QUATRIEME PARTIE.

Il eſt des hommes qui font le mal public.

Si l'amour du bien public étoit profondément gravé dans le cœur de tous les hommes & qu'ils connuſſent les moyens de réaliſer ce ſentiment naturel, le bonheur des peuples ſeroit aſſuré, il ſeroit invariable ; mais la ſociété a des membres ſur leſquels les vérités les plus conſtantes ne font aucune impreſſion ; il eſt des hommes indifférens ſur tout intérêt qui ne leur eſt pas perſonnel, il en eſt qui ſacrifient tout à leur avantage particulier ; ce ſeroit donc peu d'avoir fait connoître le bien ſi l'on n'en aſſuroit l'exécution. C'eſt là le but que je me ſuis propoſé dans cet ouvrage, mais outre les objets dont j'ai déjà traités, il en exiſte un qui demande une conſidération ſérieuſe : c'eſt la mendicité.

La différence des conditions parmi les hommes eſt auſſi ancienne que le monde,

R iv

elle eſt le fondement de tout ordre politique & le ſoutien des états ; elle eſt utile, elle eſt néceſſaire, & il n'eſt pas douteux qu'elle ne ſoit un effet des loix établies par le créateur ; mais il n'en eſt pas de même de cette diſpoſition injuſte qui regne dans un même corps, & de cette grande diſtance qui ſépare infiniment des êtres de la même eſpece. Le plus haut degré d'élévation & la plus vile abjection, les plus grandes richeſſes, & la pauvreté entiere, ſont néceſſaiment des principes de déſunion parmi des perſonnes réunies pour ne former qu'un même tout : une ſageſſe infinie n'a pu allier l'abondance de toutes choſes & la privation du plus ſtrict néceſſaire. N'attribuons donc point l'origine & la ſubſiſtance de la mendicité à une multitude de cauſes vagues & indéterminées ; l'injuſtice a pu y avoir part, mais s'il n'y eut jamais eu en France que des hommes puiſſans & des hommes avides de richeſſes, il y auroit beaucoup moins de mendians, peut être n'y en auroit-il point du tout. La mauvaiſe conduite des particuliers en a plus fait que l'oppreſ-

fion & ceux qui exercent cette vile profeffion en font moins redevables à des malheurs inattendus & qu'ils n'ont pu prévoir, qu'à une diffipation volontaire & à
leur pareffe. Si l'on excepte un très-petit
nombre d'hommes tels que ceux qui font
deftitués de fortune ou de moyens fuffifans
pour fe rendre propres à quelqu'efpece de
travail, ou qui, par accident, fe trouvent
privés des facultés de leur corps; tous ceux
qui font réduits à la trifte néceffité de
vivre des fecours journaliers qu'ils attendent du public, doivent moins attribuer
le malheur de leur fituation préfente à des
caufes étrangeres qu'à eux-mêmes. Tel eft
aujourd'hui réduit à la mendicité, non parce
que fes proches ne lui ont point laiffé de
bien; non parce qu'il a été foumis à des impots qui furpaffoient, fes forces; non parce
qu'un raviffeur injufte lui a enlevé les moyens
par lefquels il fe foutenoit, non parce que
la cherté des vivres l'a épuifé; mais parce
qu'étant dans des circonftances heureufes,
il n'a pas fu en profiter; parce que dans
le temps où il pouvoit faire quelques ré-

ferves & mettre à profit fon induſtrie, il a laiſſé échapper les momens de s'aſſurer des reſſources pour l'avenir , & n'a point prévu les événemens facheux : c'eſt parce que , ne proportionnant point ſes dépen-ſes à ſes poſſeſſions ou à ſon gain, il s'eſt livré à tous les excès auxquels l'aveugle-ment peut conduire, & c'eſt enfin mis hors d'état de pouvoir ſubſiſter honnêtement. Les forces d'un homme ſont épuiſées par ſon travail, dira-t-on; mais lorſqu'il pou-voit travailler, pourquoi n'a-t-il pas pro-fité d'un tems dont le bon uſage pouvoit prévenir les maux qu'il ſouffre dans celui-ci?

On voit des hommes dans les claſſes les plus viles & qui ont les profeſſions les moins lucratives, ſe ſoutenir & s'aſſurer leur ſub-ſiſtance pour les moments où ils ne ſeront plus en état d'y pouvoir, & l'on en voit d'au-tres dans les mêmes claſſes, avec les mêmes moyens & ſouvent moins de charges, être, pour ainſi dire , toute leur vie, réduits à la derniere miſere. L'un étoit cordonnier & n'avoit pour tout bien que le produit de ſes ſueurs ; il a toujours travaillé ; il a vécu

dans la plus grande médiocrité & subsiste
encore aujourd'hui de la même maniere ;
l'autre étoit dans le même cas', mais il n'a
pensé qu'au préfent, & a confumé, par
anticipation, ce qui lui étoit néceffaire pour
l'avenir ; il fe trouve fans aucun moyen de
fubfiftance. Le premier avoit une famille
nombreufe à nourrir & à élever, il en a fup-
porté le fardeau, & le fecond avec moins
de charges n'a pu fe fupporter lui feul. Un
foldat, après avoir quitté le fervice, mendie, & un autre fe fuffit à lui-même ; leurs
moyens étoient cependant égaux, & leur
fort eft bien différent. Je me borne à ces
deux feuls cas pour fervir d'exemples applicables à tous les autres ; je pourrois en
citer dans les diverfes claffes de la fociété
& montrer que parmi fes membres, ceux
qui font totalement d'échus de leur état, ne
font pas toujours ceux qui avoient le moins
de moyens de s'y maintenir & que les malheureux ne font pas ceux qui méritent le
moins de l'être ; tout contribueroit à prouver cette propofition ; mais je me borne à
un fimple d'étail qui peut-être, pour plufieurs, une fource d'inftruđtions.

Je demande quel est le principe qui a établi cette différence dans des hommes dont les conditions étoient égales en toutes choses, & pourquoi, dans les diverses especes de mendians, il n'en est presque point auxquels on ne puisse citer un homme qui, dans les mêmes circonstances quelquefois de plus facheuses, n'est point tombé dans le même état? L'abus de la loi féodale, l'inégalité dans le partage des richesses, le poids énorme des impots, l'arbitraire des tailles, les vexations fiscales & autres causes extrinséques que l'on peut supposer, font elles suffisantes pour expliquer la misere des mendians? Toutes ces choses étoient égales de part & d'autres. Et sembloient même souvent devoir moins préjudicier à celui qui est devenu le plus indigent : l'un n'a pas moins souffert que l'autre de l'abus du pouvoir, de l'abus dans le partage des biens, de l'avarice, de l'injustice ; la perception des impositions étoit également onéreuse à l'un & à l'autre, les professions lucratives étoient les mêmes à leur égard, ils ont reçu la même éducation, ce-

pendant l'un & mendiant & l'autre ne l'eft
pas : je demande donc encore qu'elle eft la
fource de la diverfité de ces deux fituations
que j'ai expofées, non comme des cas particuliers, mais comme un modele applicable
au plus grand nombre de ceux qui mendient. Dira-t-on qu'elle eft l'effet du hafard, d'une fortune capricieufe, d'un bonheur ou d'un malheur inexplicables ? Ce font
là des mots vuides de fens, peu propres
à éclairer l'efprit, & encore moins à lever
des doutes naturels fur l'objet préfent ; il
vaudroit mieux avouer ingénûment fon
ignorance que d'attribuer ainfi des effets
fenfibles à des caufes dont on ne peut établir aucune liaifon, aucune dépendance des
uns à l'autre. Ne pallions point ici des fautes inexcufables, ne préparons point aux
mendians des fubterfuges qui les autorifent
dans leur conduite & leur donnent plus de
droits à notre pitié, en nous les répréfen-
tant comme moins coupable ; ne couvrons
point la mendicité du voile apparent d'un
malheur néceffaire ; ce feroit lui fournir
des armes contre fes ennemis & la fouf-

traire aux coups qu'on pouvoit lui porter. Si les caufes de la mendicité lui font étrangeres à elle-même, fi elles font fondées dans les loix générales de l'état, dans la forme d'adminiftration, dans les vices des chefs & des membres de la fociété ; on ne peut la détruire qu'en remédiant à tous ces abus ; ce n'eft qu'en réformant tout l'état dans fes loix, dans fon gouvernement, dans tous fes membres qu'on parviendra à fe préferver d'un mal qui y eft attaché. Comment pourra-t-on détruire un effet, tant que fa caufe fubfiftera & qu'on n'en arrêtera pas l'activité ? Ce n'eft point en embraffant des moyens auffi étendus qu'on doit obvier à un mal particulier ; c'eft avancer pofitivement l'impoffibilité de fa deftruction que de la faire dépendre d'une réforme que l'on conçoit, à la vérité poffible, mais que l'on ne peut réalifer ; ce feroit dire que la mendicité eft néceffaire & que l'on doit la fupporter.

Je fuis d'accord & je fuppofe avec les auteurs qui ont écrit fur cet objet, que les caufes dont ils ont fait mention font une espece d'oppreſſion & une des ſources du mal public qu'ils ont cherché à détruire ; mais la cauſe immédiate, la vraie cauſe de la mendicité eſt dans le mendiant même. Je ne prétends pas par là qu'il n'y ait point d'hommes qui ſoient néceſſités à cette profeſſion ; il en eſt, dans leſquels elle eſt totalement excuſable & qui ont les plus grands droits à la compaſſion ; mais le nombre en eſt très-petit, & la plupart des mendians, doivent ſe reprocher à eux-mêmes leur état malheureux. Les uns y ſont conduits par la fainéantiſe, les autres par l'abus de leurs facultés, tant perſonnelles qu'extrinſeques, & preſque tous pour n'avoir pas pris les moyens propres à prévenir une ſituation qu'il a été en leur pouvoir d'éviter. La peine qu'ils éprouvent eſt le fruit de leur défaut de travail, elle eſt un juſte châtiment de leur mauvaiſe conduite & de l'abus d'un tems précieux dont l'emploi leur eût aſſuré les ſecours qu'ils ne peuvent aujourd'hui recevoir que d'une main étrangere.

Perſonne ne doute que la mendicité ne

foit un véritable fléau pour un état ; la honté
de l'humanité, l'opprobre des richeffes &
la fource d'une infinité de maux ; je ne les
rapporterai point ici parce qu'ils font connus & que l'on en trouve la defcription
la plus étendue dans différents ouvrages
qui ont été écrits fur cette matiere. On a
admiré dans leurs auteurs la fécondité de
l'efprit & les inventions les plus ingénieu-
fes, cependant ils n'ont point rempli les
conditions effentielles dont dépendoit l'exécution de leur deffein ; leurs fyftêmes, ont
parus imparfaits, la mendicité fubfifte dans
fon entier, fait tous les jours de nouveaux
progrès, & l'on attend encore la maniere
d'y remédier. De grands abus ne peuvent
être réformés que par de grands moyens,
mais c'eft moins dans leur multitude que
dans leur folidité qu'il faut chercher cet
avantage, un projet compliqué eft peu propre à conduire à fa fin, il eft femblable
à un édifice brillant & vafte, mais appuyé
fur un fondement mobile qui le prive de
la ftabilité qui conviendroit à fon étendue.
Tels font la plupart des moyens qu'ont été

propofés

propofés au gouvernement & foumis aux
yeux du public; ceux de fubvenir aux néceffiteux ont été trop vagues & trop in-
certains, ceux de prévenir les néceffités
trop foibles, & ceux de rendre les mendians utiles à l'état, plus fpécieux que réels,
partout on a vu un grand embarras, une
foule de nouvelles inftitutions des établiffemens difpendieux, des remedes inutiles.
Toutes les manieres de détruire la mendicité ne font pas également bonnes; il faut
fubvenir aux néceffiteux fans furcharger l'é-
tat; il faut rendre utiles les mendians, &
en délivrer le public, fans les foumettre
à un genre de vie trop pénible, fans les
rendre plus malheureux qu'ils ne l'étoient
auparavant; tels font les objets que j'ai eu
en vue.

Pour traiter clairement cette matiere,
il faut la divifer & développer, en quelque
façon, fes différentes parties; il faut propofer un fyftéme exempt des difficultés qui
ont empêché l'exécution des autres, & qui
foit foumis à une moindre obfcurité; la
fimplicité & la clarté des détails doivent

S

en pareil cas être préférées aux regles du style dans lequel on les rend; en faciliter l'intelligence au lecteur, est une nécessité indispensable & c'est à cela que je crois devoir me borner.

Par mendians, j'entends tous ceux qui ne peuvent ou ne veulent subsister par leur travail, tous ceux qui ont des besoins qui surpassent leurs forces & qui attendent d'une main généreuse des secours qu'il n'est pas en leur pouvoir de se procurer. Sous ces différens points de vue, sont compris ces hommes vagabonds & fainéans qui ne mendient que parce qu'ils ne veulent pas se donner la peine de gagner ce qu'ils prennent le parti d'espérer de leur oisiveté; j'appelle ceux-ci mendians valides & coupables. Je comprends dans la classe générale ces malheureux que des infirmités réelles & absolues rendent inhabiles à un travail propre à assurer leur subsistance; je les nomme mendians invalides. J'y comprends aussi un homme en état de travailler, soit à la culture des terres, à tous les ouvrages qui ne demandent que des bras forts, soit à

quelque profeffion qui exige de l'adreffe &
de l'inftruction ; qui, plein de bonne volonté, ne defire rien tant que de ne point
être à charge à la fociété & d'être employé
à tous les exercices auxquels il eft propofé,
mais qui, dans des circonftances facheufes
eft réduit à une volonté ftérile, & ne trouve perfonne qui veuille lui donner de l'ouvrage, ni le fouftraire à la néceffité de mendier ; je nomme ces hommes des mendians
valides non coupables. Dans la claffe générale eft auffi compris un pere à qui fes
travaux & fon induftrie ne fuffifent pas pour
donner le néceffaire à une famille nombreufe, qui a à fupporter le fardeau d'une femme & d'une multitude d'enfans ; qui ne
peut ni les nourrir, ni les élever, ni les
vêtir, ni les loger, ni les mettre en état
de gagner leur vie par un travail groffier
ou quelque métier qui exige une induftrie
que l'on nacquiert que par des moyens difpendieux ; qui, pour ces raifons, eft obligé
malgré fon zele, fon activité, fon affiduité,
fes efforts & la meilleure volonté, de les
livrer aux fecours publics, & de les aban-

donner aux soins charitables des ames bien-
faisantes : je nommerai ceux-là des familles
mendiantes. Quant aux pauvres honteux,
ils ne méritent sûrement pas moins des secours que les autres, & ils n'ont pas moins
de droits à la générosité & à la bienfaisance de ceux qui sont en état d'exercer
ces vertus, mais elles leur serviront de
ressources cachées, puisqu'on ne peut leur
en procurer dans un plan d'administration
publique.

Telles sont les différentes classes de mendians ; il faut pourvoir à leurs besoins,
donner de l'activité à ceux qui en manquent, remédier aux maux présens, prévenir ceux de l'avenir, sans que l'humanité
en souffre, sans imposer à la société de nouvelles charges : c'est sur ces principes que
doit être fondé le systême destructif de la
mendicité.

Les mendians ne doivent pas être con-
fondus les uns avec les autres ; il faut à
chaque espece un traitement particulier ;
l'homme qui mendie par une nécessité ur-
gente & insurmontable mérite des égards qui

ne font pas dûs à celui qui s'en eſt fait une profeſſion par fainéantiſe, ou autre principe encore plus dangereux; partout il y a un mal, mais il n'y a pas de crime partout; les abus ne font ni égaux ni du même genre, il faut donc leur appliquer des remedes différens; &, celui qui veut y travailler, doit faire diverſes conſidérations ſur les objets même dont il a déjà examiné la ſubſtance.

Les mendians invalides ſont, non-ſeulement ceux qui ſe trouvent privés de leurs facultés eſſentielles par quelqu'accident, mais encore tous les malades retenus dans l'inaction, & qui n'étant pas en état de ſe procurer les ſecours néceſſaires pour recouvrer leur ſanté, ſont recevables dans les hôpitaux, non à raiſon des fondations établies, mais de leur ſituation; des hommes de cette eſpece ont droit à la commiſération publique, il faut qu'ils vivent, qu'ils ſoient ſoulagés, ils ſont dans l'impoſſibilité de ſe ſoigner, & l'impoſſibilité diſpenſe de tout devoir, c'eſt donc à la ſociété à veiller à leur conſervation; ils ſont membres d'un corps, & ce corps doit ſou-

tenir ceux de ſes membres qui lui deviennent inutiles , ils ont droit aux biens communs ; que peut-on exiger d'eux, ſi ce n'eſt
la reconnoiſſance dûe aux bienfaits ? Qu'im-
porteroit d'être membre de la ſociété, ſi
l'on ne pouvoit attendre d'elle, des ſecours
néceſſaires dans des tems facheux ? Quel
motif détermineroit un citoyen à travailler
au bien public, s'il n'y avoit aucun droit
lorſqu'il en a le plus beſoin ? Il eſt donc
conſtant que l'on doit ſoulager ces malheureux dans leur affliction, non pas en les
livrant à la merci du haſard , comme ils
l'ont été juſqu'à préſent ; non pas en les livrant à un ſort affreux ; tel que celui qu'ils
éprouvent , & en laiſſant perpétuer la mendicité. Quoi qu'elle ſoit quelquefois légitime , elle n'en eſt pas moins toujours honteuſe ; mais en accordant aux indigens la
ſatisfaction de tous leurs beſoins corporels
& ſpirituels , ſans leur faire ſentir la rigueur
de leur ſort , & les mettre dans le cas de
ſoupirer après la condition de mendiant.

Il n'en doit pas être de même envers
des hommes qui, pleins de vigueur, fei-

gnent un état de foiblesse pour exciter la compassion des ames sensibles, & souftraire les largesses qui ne font dues qu'aux mendians invalides. La fainéantise ne fut jamais un titre à la bienfaisance; & bien loin de l'accorder à ces êtres lâches, on doit les couvrir de honte & de mépris. L'obligation de travailler est imposée à tout homme qui en a la faculté; la société a droit fur tous fes membres, & elle peut punir les mendians valides coupables comme infracteurs de fes loix, comme des gens qui fe déchargent fur autrui d'un fardeau qu'ils peuvent porter, & qui offenfent tous les citoyens par leur genre de vie : on doit donc foumettre le mendiant valide coupable a une difcipline qui lui faffe, tout-à-la-fois, fentir ce que fa fituation précédente a de honteux, & lui rende fon activité en le forçant & l'habituant au travail. N'ayant à choifir qu'entre deux extrêmités, qui feront de travailler librement ou par force, de travailler dans l'état de citoyen ou dans l'état de criminel, il n'héfitera point pour prendre le premier parti; cette efpece de mendicité deviendra nécessairement plus rare, & disparoîtra enfin entiérement.

Il n'est personne qui ne s'attendrisse sur le sort d'un pere de famille qui a rempli le devoir de citoyen en contribuant à la population, si précieuse à un état, & qui pour cette seule raison est devenu malheureux & mendiant. S'il eût eu moins d'enfans, peut-être eût-il satisfait à leurs besoins; mais le trop grand nombre l'accable; en vain il travaille assidûment, & fait usage de toutes ses forces; envain il multiplie ses efforts; après des sueurs excessives pendant le jour & une partie de la nuit, sa famille éplorée lui demande inutilement sa subsistance, il n'est pas en son pouvoir de la lui donner: que fera-t-il dans cette position? ne sera-t-il pas nécessité à demander des secours étrangers. Quelle éducation peut-il donner à ses enfans, puisqu'il ne peut même satisfaire à leurs premiers besoins? ne pouvant acquérir aucuns talens, ils s'accoutumeront à vivre dans la plus grande inaction; ils perdront le goût du travail, & deviendront mendians par état, après avoir été élevés dans le sein de la mendicité. Ce sont là des abus que nous avons tous les jours sous les yeux, & qui pour cette raison nous frappent moins; mais lorsqu'on y réfléchit, ils paroissent révoltans. La nature souffre nécessairement pour un pere vertueux & pauvre, pour des enfans malheureux : on ne conçoit pas comment un aussi grand mal peut subsister parmi des hommes, dans une société qui veille au bonheur de ses membres, dans un état gouverné par les loix les plus sages, par un prince qui chérit ses sujets, & fait consister son bonheur dans celui de tous ceux qui lui sont soumis. Il est juste de secourir des nécessiteux de cette espece, de se charger de l'excédent de leurs forces, de prendre soin de leurs enfans qui paroissent destinés à devenir des mendians, de les élever & de les mettre en état de travailler & de tirer parti de leur industrie & de leur activité ; ces moyens détruiront une grande partie des mendians, & ils sont faciles à exécuter.

Il y a aussi des hommes qui, avec de la force & de l'industrie, sont obligés de mendier : tels font ceux qui ne trouvent point d'ouvrage, tels font les pauvres voyageurs. Peut-on fuppofer de la mauvaife foi à celui qui ne refufe point de travail, & qui au contraire en defire & en recherche? peut-on regarder co mme coupable celui dont les defirs & la volonté font conformes à l'efprit des loix? celui qui ne peut être employé malgré fes efforts n'a pas moins l'amour du travail, & la haine de l'oifiveté. Il eft des hommes qui pour des affaires importantes, font obligés de fe tranfporter d'un pays à un autre, & qui cependant ne peuvent fupporter les frais d'un voyage; faut-il que celui qui eft néceffité à voyager renonce à fes propres intérêts, à caufe de fa pauvreté? fa fituation ne lui donnne-t-elle pas droit à la bienfaifance publique? doit-il devenir encore plus malheureux par la privation des avantages attachés au titre de citoyen? non fans doute : foyons plus humain, fachons compatir aux malheurs de nos femblables; & en détruifant la mendicité, ne fermons point les tréfors de la bienfaifance. Il faut que tout homme vive, &

dans quelqu'état qu'il fe trouve, lorfque fon indigence n'eft point fufpecte & criminelle, elle lui donne droit à la générofité & aux biens publics. Il faut donc affurer de l'ouvrage à celui qui en manque, & fournir aux pauvres voyageurs les moyens de fubfifter fans être obligés de mendier. Un plan qui fatisferoit à ces différens objets produiroit les plus grands avantages, mais il faudroit que fon exécution fut poffible fans être nuifible à la fociété, fans violer la liberté & les droits des citoyens; le bien public augmenteroit alors par la généralité du travail; les befoins des peuples diminueroient, les mendians deviendroient utiles à l'état, fans devenir malheureux, & la mendicité elle-même difparoîtroit du royaume. Je ferai le tableau d'un établiffement dont la réalifation remrempliroit des vues auffi intéreffantes.

Il eft affez difficile de calculer au jufte ce qu'il y a de mendians de toutes les efpeces dans le royaume, & de fixer le nombre de ceux qu'il y a dans chaque province, en ce que les unes en font chargées, & que les autres n'en ont que très-peu; cependant

les obfervations les plus exactes ne permettent pas de croire qu'il y ait en France plus
de cent mille mendians, çe qui fait environ
trois mille par généralité, non pas dans la
réalité, mais par une égalité de diftribution
fuppofée. Cette quantité ne pouvant être
réunie en un même corps, il eft néceffaire
d'en former de féparés : ainfi trois mille
hommes divifés en huit parties feroient
moins de quatre cents pour chacune, & ce
nombre n'excéderoit pas les bornes d'une
adminiftration particuliere, dans laquelle
l'ordre eft facile à maintenir. En raifonnant
dans l'hypothefe de l'exécution du projet
propofé, ces quatre cents hommes feront
reçus dans des maifons que j'appellerai *hofpices*, & dont je traiterai. Si les befoins des
généralités & leur étendue étoient les mêmes, on pourroit conftruire ces maifons
aux mêmes diftances, & en établir le même
nombre dans chaque province ; mais à raifon des grandes villes & d'autres motifs
que je pourrois rapporter, il faudra dans
cette diftribution avoir égard aux befoins
des habitans, aux lieux & aux autres circonf-

tances, en obfervant toutefois que chaque hofpice foit relativement à un certain arrondiffement, comme un point central auquel foient ramenés tous les mendians qui feront trouvés dans cet efpace. Ces hofpices ne peuvent être fitués dans les campagnes, à raifon des avantages que l'on retire de la proximité des villes, & parce que c'eft dans celles-ci que font, pour ainfi dire, les pauvres de toute efpece : il n'eft pas à propos non plus qu'ils foient fitués dans les villes même, & cela pour la falubrité refpective de leurs habitans & de ceux des hofpices. En les plaçant à leurs extrémités, d'une part on évitera de grands inconvéniens, & de l'autre on fe procurera la plus grande utilité.

Dans les lieux qui environnent les villes & qui leur font pour ainfi dire attenans, on choifira donc pour l'établiffement de l'hofpice celui qui fera le plus élevé, pour la pureté de l'air; celui où les eaux feront les plus abondantes, tant pour les ufages de la maifon que pour l'évacuation des immondices; celui enfin qui réunira le plus

grand nombre de commodités néceſſaires.
On ſent bien qu'il n'eſt pas queſtion de
bâtir des hôtels magnifiques à la pauvreté,
tels que ſont la plupart de ces édifices conſ-
truits plutôt par une vaine oſtentation que
par l'eſprit d'une véritable charité. Les hoſpices doivent être des bâtimens ſimples,
peu élevés, dont les appartemens ſoient au
rez-de-chauſſée, dans la diſtribution ſui-
vante. Quatre aîles de bâtimens longues &
larges, prenant jour des deux côtés principaux par un très-grand nombre de fenêtres; au centre de chaque aîle, une grande
porte & deux petites aux endroits qui ſeront les plus commodes; un des côtés ſer-
vira de face extérieure, & les trois autres
ſeront environnés de jardins & de prome-
mades, le tout clos de murs de huit pieds
de hauteur. Au milieu interne de chaque
aîle s'éléveront deux murs dans la longueur, ce qui formera trois eſpaces dont
les deux côtés ſerviront de logement, &
celui du centre ſera un corridor qui prendra
jour par deux grandes fenêtres placées aux
extrêmités. On pratiquera dans la longueur

plufieurs portes qui donneront entrée dans les autres parties. Au milieu de ces quatre aîles de bâtimens doit être une cour d'une moyenne étendue. Dans les huit grands efpaces dont deux ferviront de côtés aux corridors dans chacune des aîles; il fera aifé de faire une diftribution d'appartemens propres à loger fans aucune confufion les perfonnes qui y feront deftinées. Les fexes pourront être féparés, les mendians de différentes efpeces, les malades & les officiers de la maifon, logés chacun de la maniere qui fera jugée convenable; il y aura; non pas une prifon comme pour des criminels, mais un appartement fermé & moins commode pour les mendians valides coupables; une boulangerie, une buanderie, des cuifines, des laboratoires, des écuries, des greniers au-deffus des appartemens & des caves au-deffous. Chaque logement doit être proportionné aux ufages auxquels on le deftine; les uns doivent être plus grands que les autres, & enfin dans tous on doit faire une diftribution commode & éviter la fuperfluité, ne pas confidérer même l'utile

en toutes chofes, mais fe borner au pur néceffaire.

Quelque peu exacte que foit cette defcription, elle doit donner l'idée d'un bâti-
ment fimple qui fera propre à un hofpice;
s'il y a quelque chofe de défectueux, il fera
aifé de le corriger; d'ailleurs on ne fera
jamais arrêté par la difficulté de conftruire
un édifice tel que celui qui conviendroit à
l'exécution du deffein propofé.

Ce n'eft pas pour donner un plan que je
fuis entré dans ces différens détails, mais
pour rendre plus intelligible la deftination
que je défirerois que l'on donnât aux différentes efpeces de mendians.

Les pauvres malades de chaque arron-
diffemens feront amenés à l'hofpice fur des
voitures qui devront être fournies par leur
communauté; on n'y recevra point indifféremment tous ceux qui s'y préfenteront,
fous prétexte de maladie ou d'une des efpeces de mendicité, il en réfulteroit de grands
abus. Ceux qui s'y préfenteront ou qui y
feront conduits feront bien examinés & n'y
feront admis qu'après qu'il fera reconnu,

qu'ils

qu'ils font réellement du nombre de ceux pour lefquels les hofpices auront été fondés & s'ils ont droit aux bienfaits publics. On les placera alors dans la claffe qui conviendra à leur fituation.

Des hommes privés de tout bien doivent moins chercher un plaifir dans la nourriture qu'un moyen de fubfiftance, la plus fimple leur fuffit, & ils doivent s'en contenter. Il y aura dans l'hofpice deux efpeces de pain, un pour les malades & les infirmieres, celui-ci fera de bled dont on aura ôté le fon; l'aurte qui fera commun à tout le refte de la maifon fera auffi de bled, mais dont on ne retranchera rien, & auquel on ajoutera ce que l'on aura ôté de celui des malades. Tous les mendians en auront une livre & demie par jour pour tout. On prendra par jour une demi livre de viande pour chaque malade, laquelle fervira, tant pour le bouillon que pour être mangée en fubftance. Les mendians non-malades auront deux fois par jour de la foupe & des légumes fans apprêts, avec une fimple modification; les nourritures les plus naturelles

T

étant les plus salutaires. Deux fois par semaines on donnera à chaque mendiant une
demie livre de viande, &, ces jours-là, ils
n'auront pas de légumes, mais seulement
la soupe qui ne doit jamais leur manquer,
à moins qu'elle ne soit remplacée par quelqu'autre potage nourrissant. Lorsqu'il se
trouvera des mendians ou malades qui, à
raison de leur âge ou de leur tempérament,
auront trop de la portion ordinaire, on
aura soin de leur en retrancher la partie superflue, afin qu'elle ne soit pas perdue &
ne serve point à l'avidité. Ceux qui seront
dans le reclus destiné aux mendians valides
coupables, seront nourris comme les autres, mais ils n'auront jamais de viande, &
cela, pour leur faire sentir leurs fautes,
faire naître en eux le desir d'un état plus
doux, & par conséquent, d'un amendement
sensible.

Cette maniere de vivre ne paroîtra pas
sans doute trop austere, si l'on considere
qu'on la donne à des hommes qui, dans
leur condition antérieure, ne pouvoient s'en
promettre sûrement une meilleure.

Les infirmieres feront nourries d'une ma‑
niére frugale, elles auront des reffources
fuffifantes dans les légumes, le jardinage,
le laitage & les autres provifions de la mai‑
fon, & comme on prendra une demie livre
de viande pour chaque malade au complet,
& que parmi eux, il y en aura auxquels il
en faudra peu ou point du tout, l'excédent
fera employé à la nourriture des infirmie‑
res. Elles boiront du vin dont il y aura tou‑
jours une certaine quantité dans les hofpi‑
ces, quoiqu'il ne devra en être donné qu'à
quelques malades ou vieillards dont la fitua‑
tion exigera ce foulagement.

Les domeftiques feront nourris à peu
près comme les mendians, mais ils auront
quelques reftes de viande & une boiffon qui
puiffe les fortifier dans les travaux auxquels
ils feront deftinés.

Quant aux officiers des hofpices, ils n'y
auront que le fimple logement & un hono‑
raire dont il fera fait mention.

Un vêtement fimple qui couvre la nudité
& convienne à toutes les faifons eft celui
que l'on doit donner aux mendians. Chaque

T ij

homme aura une grande vefte croifée, un gilet, des culottes qui fervent en même tems de bas, des chauffons, des fabots, une calotte, un bonnet & une chemife. Les femmes auront chacune une coëffe qui leur couvrira les oreilles en defcendant fous le menton par des bandes, un corfet, une camifole avec un capot qui pourra être mis fur la tête au befoin, une chemife, deux jupons, des bas de fil, des chauffons & des fabots. Aux uns & aux autres un mouchoir. Tous ces vêtemens feront doubles pour pouvoir être blanchis, mais l'ufage des calottes pour les hommes, des gilets & des chauffons doit être reftreint à l'hyver ; il en eft de même pour les femmes du corfet de la feconde jupe, des bas & des chauffons. Les circonftances des tems, des lieux & des perfonnes en feront la regle. Les chemifes feront d'une toile peinte, afin d'éviter la vermine, & pour la même raifon, on coupera les cheveux à tous les mendians. Les habillemens feront d'une grandeur moyenne, afin de pouvoir fervir indiftinctement aux perfonnes de la taille ordinaire, il y en aura feulement quelques-uns pour les deux extrêmes.

Les mendians de toutes les efpeces coucheront, feul à feul dans des lits étroits compofé chacun d'une paillaffe, d'une oreiller auffi en paille, de deux draps de groffe toile d'une dimenfion proportionnée, d'une couverture de nattes qui ait beaucoup d'épaiffeur, afin qu'elle puiffe garantir des grands froids pendant l'hyver.

Dans les faifons rigoureufes il y aura un chauffoir dans chaque falle, & l'on fe réglera pour s'en fervir fur les véritables néceffités & la plus grande économie.

'Mais il ne fuffit pas de pourvoir aux befoins des mendians, il faut encore les rendre utiles; il y en aura dans le nombre qui feront propres à quelque genre de travail, il faudra les y appliquer. Les uns font malades & impropres à tout, foit par leur âge, foit par leurs infirmités; mais il en eft qui, quoique incapables jufqu'à un certain point, de travailler, font encore pleins de vigueur & ont des facultés dont il faut tirer parti. On peut les employer à différentes

chofes relatives aux befoins des autres, &
les faire fervir d'aides aux premiers ouvriers.
Ce qu'un homme libre & fort feroit feul,
feroit fait par plufieurs; la fomme des forces
réunies formeroit un tout puiffant dont le
produit feroit confidérable. Les mendians
valides propres aux ouvrages groffiers feront
employés aux fonctions les plus pénibles de
l'hofpice, à cultiver les terres qui en dé-
pendront, telles que les jardins de l'intérieur ou autres endroits deftinés à produire le chanvre & les légumes néceffaires
tant à la nourriture qu'à l'habillement. Ceux
qui auront quelques talens feront exercés
de la maniere qui conviendra le plus, &
l'on y formera ceux qui auront des difpofitions. Il y aura dans chaque hofpice des
cultivateurs, des hommes pour tenir lieu
de domeftiques & leur fuppléer prefqu'en
tout; il y aura des atteliers, des artifans &
des éleves. Les femmes feront occupées à
préparer le chanvre, à filer, à coudre, à
tricoter & à autres chofes à portée de leur
foibleffe; elles feront employées à entretenir la propreté dans les appartemens, la

vaiſſelle, les meubles & le linge; les unes ſerviront à la cuiſine, d'autres au tranſport & à la diſtribution des nourritures, & feront tout ce que l'on exigera d'elles. Il n'y aura donc dans l'hoſpice qu'un très-petit nombre de perſonnes inutiles, les infirmes mêmes contribueront au bien commun; & les enfans des pauvres, en y trouvant leur ſubſiſtance, y trouveront en outre un moyen aſſuré de ne jamais tomber dans la mendicité.

Ici, comme par-tout ailleurs, les peines & les récompenſes feront un principe d'activité & un motif de détermination. Celui qui aura été reconnu capable de travailler de telle ou telle maniere & qui le refuſera, fera privé d'une partie de la nourriture ordinaire; s'il perſiſte, il fera mis dans la claſſe des mendians coupables, & l'on augmentera ſes privations juſqu'à ce qu'il cede enfin à une juſte volonté.

On fera en ſorte de tirer le plus grand avantage des talens de tous les membres des hoſpices, ceux qui feront capables d'enfeigner quelques métiers feront envoyés diſtributivement dans les lieux où il ne s'en trouveroit point. On exercera ces métiers dans les hoſpices, & pour donner de l'émulation à ceux qui y travailleront, il leur ſera accordé une partie du prix de leurs ouvrages. On commencera par faire tout ce qui ſera néceſſaire pour l'entretient de l'hoſpice, & l'eſpoir de ceux qui y ſeront employés, de travailler enſuite à un ouvrage lucratif. On ne ſouffrira aucun oiſif volontaire, celui qui veut vivre ſans travailler, quand il en eſt capable, n'eſt plus un malheureux qui mérite de la compaſſion, mais un fainéant qui doit être traité avec rigueur.

Ces projets mis à exécution, diminueroient, d'une part, le nombre des mendians invalides, & de l'autre, détruiroient entiérement celui des mendians coupables.

Les officiers des hoſpices auront ſoin d'y établir un ordre invariable; les fonctions communes & particulieres y ſeront fixées de maniere à ce que perſonne ne puiſſe les ignorer ou s'en diſpenſer; elles ſeront toutes faites ſans lumiere, il y aura ſeulement

une lampe alluméé dans chaque salle pendant l'obscurité.

L'heure du lever sera au point du jour,
& celle du coucher à l'entrée de la nuit,
ce qui sera susceptible de variation dans la
saison où les journées sont plus grandes.

Il y aura tous les jours après chaque repas une heure de récréation commune à
tous les mandians, excepté aux coupables.
Les dimanches & fêtes après les exercices
de piété, il y aura une liberté générale ; &
si le tems le permet, une promenade à laquelle présidera l'aumônier de la maison.

Les mendians coupables qui auront été
suffisamment punis & auront contracté l'habitude du travail, seront mis en liberté,
comme n'appartenans plus à aucune classe
de nécessiteux.

Les pauvres voyageurs seront reçus aux
hospices, ils pourront même y séjourner,
& s'il y avoit une trop grande distance d'un
hospice à un autre à raison de leur direction, on leur facilitera les moyens d'y parvenir en leur donnant deux sols par lieue
lorsqu'ils seront obligés de découcher,& un

feulement lorfqu'ils pourront s'y tranfporter dans un jour. Pour cette eftimation on
aura égard au tems & à la conftitution
de la perfonne.

Tous les hofpices du royaume doivent
être foumis à un intendant général qui en
fera quelquefois la vifite & auquel il fera
toujours rendu compte des adminiftrations
particulieres.

Il y aura dans chaque hofpice un adminiftrateur pour veiller à l'obfervation des
regles; il ne pourra s'en abfenter que rarement & dans le cas d'une grande néceffité.

Les befoins fpirituels des mendians feront confiés à un aumônier en état de remplir les fonctions d'un miniftere public; il
devra avoir de l'érudition, de l'intelligence,
du zele, & faire tout ce que peut infpirer
l'amour du prochain.

Il y aura dans chaque hofpice trois chirurgiens dont deux travailleront dans l'intérieur, & le troifieme parcourra chaque
jour les campagnes de l'arrondiffement,
pour donner aux malades les fecours les plus
preffans, s'affurer de l'état de ceux qui de-

vront être reçus à l'hofpice, foulager l'humanité autant qu'il dépendra de lui, & cela
fans fe rendre à charge ni rien recevoir de
perfonne. Cette fonction itinéraire fera rem-
plie à l'alternative par les trois chirurgiens,
de maniere à ce qu'ils voyageront deux jours
fur fix, ce qui ne fera pas trop fatigant puifqu'on leur fournira des chevaux, ainfi qu'on
le dira ci-après. On exigera d'eux qu'ils
foient inftruits dans leur art, mais ils ne
feront rien de difficile fans avoir reçu l'avis
du médecin. L'un d'entr'eux prendra tous
les jours les ordres particuliers de l'adminiftrateur, en affurera l'exécution & le re-
préfentera au befoin pour la police inté-
rieure, la reception d'un mendiant ou malade, la diftribution des ouvrages & le maintien des regles établies.

Il y aura dans chaque hofpice quatre infirmieres pour veiller à ce que l'on donne
aux malades les fecours néceffaires & pour
y travailler elles-mêmes fuivant leurs forces; ce nombre devra être fuffifant, en ce
que la plus grande partie des ouvrages fera
faite par des mendians ou mendiantes vali-

des ou moins infirmes; elles auront un vêtement uniforme & feront foumifes à une
efpece de régularité. On pourroit choifir
pour cela ces hofpitalieres que l'on nomme
fœurs de la charité ou vulgairement fœurs
grifes; leur bonne conduite & leur zele les
rend dignes de la confiance du public; elles
ne devront plus être réputées religieufes ni
former à l'avenir aucun vœu; mais, après
quinze années d'exercice, avec l'approbation
du confeil, elles feront, fi elles le veulent,
attachées irrévocablement à l'hofpice, parce
qu'alors on pourra préfumer qu'elles feront
contentes de leur fort, & que l'on n'aura
jamais fujet de fe plaindre d'elles.

On prendra quatre domeftiques à gages
qui foient forts & robuftes, & dont un
fera boulanger, & aura les aides qui lui feront néceffaires. Les trois autres n'auront
pas de deftination particuliere; mais feront
employés aux différentes occupations qui
ne pourront être confiées à des mendians.

On entretiendra toujours trois chevaux
qui ferviront alternativement aux chirurgiens ambulans, & aux ouvrages & voitu-

res de l'hofpice; il y aura, en outre, fix vaches pour fournir le laitage néceffaire à la préparation des nourritures ordinaires qui, par ce moyen, feront peu difpendieufes & falubres.

Afin de prévenir les abus dans l'adminifrration des revenus des pauvres, & dans les autres objets importans de l'établiffement dont il eft queftion, il eft néceffaire de prendre des mefures qui mettent les officiers qui en feront chargés à l'abri de toute efpece de foupçons de la part des peuples. Il fe tiendra, à cet effet, un confeil dans lequel toutes les opérations faites & à faire feront expofées, & où l'approbation feule de la pluralité pourra être un motif déterminant. C'eft là que feront propofées & décidées toutes les affaires rélatives aux hofpices qui demanderont une attention particuliere, & où les lumieres d'un feul homme paroîtront infuffifantes. Ce confeil fera compofé de l'adminiftrateur, comme chef, du médecin, de l'aumônier, des trois chirurgiens, & dans le cas où il y auroit égalité de voix, le parti de l'adminiftrateur

l'emportera toujours. Après avoir réglé
dans ce conseil, l'étendue des besoins de
l'hospice, l'administrateur achetera de différens marchands les provisions principales,
comme bled, vin, bois & autres objets
semblables : après en avoir fixé le prix, il
en rendra compte au conseil, & s'il est jugé
convenable, il se fera livrer les marchandi-
ses, ou en tout ou par parties, & donnera
aux vendeurs des rescriptions sur un trésorier du lieu le plus prochain, qui aura des
ordres pour les acquiter. Les besoins journaliers seront examinés dans le même conseil & la nécessité des sommes à employer
y sera aussi déterminée ; elles seront, comme
les autres, touchées chez un trésorier, mais
déposées chez l'administrateur. Celui-ci
tiendra un compte exact de l'emploi qu'il
en aura fait & sera tenu de justifier sa recette
& sa dépense dans un autre conseil qui
sera tenu toutes les semaines, pour que s'il
y avoit quelqu'abus, il soit moins considérable & plus facile à détruire. La reddition
des comptes généraux se fera, toutes les
années au conseil assemblé par devant l'in-

tendant-général des hofpices ou quelqu'un
députés par lui pour cette fonction, au cas
où il ne pourroit fe tranfporter lui-même
dans tous les lieux, & pour lors, on l'in-
formera des approbations ou improbations,
des doutes & des réfolutions, afin qu'il
puiffe prononcer lui-même fur des objets
qui exigeroient une autorité fupérieure. Ce
confeil fera tenu en préfence de deux notables éclairés dans chacun des trois ordres
principaux de la fociété, l'épée, la magiftra-
ture & le clergé, afin que tous les citoyens
puiffent être convaincus que l'on a reçu
dans l'hofpice un nombre de pauvres proportionné aux revenus confommés & qu'il
n'y a eu aucun abus dans l'adminiftration.
Ces notables approuveront les différentes
opérations qui auront été faites, s'ils n'y
reconnoiffent rien que de conforme à la
prudence & à la juftice, & dans le cas
où ils ne croiroient pas devoir accorder
leur approbation à l'adminiftration des officiers de l'hofpice, ils feront tenus de faire
part de leurs motifs à l'intendant-général
qui décidera de la juftice ou de l'injuftice

de l'oppofition, & remédiera à ce qui ne feroit pas conforme aux inftitutions.

L'adminiftrateur d'un hofpice ne pourra quitter fon emploi fans avoir auparavant obtenu l'agrément de l'intendant-général, qui ne l'accordera que lorfqu'il aura pourvu au remplacement : il en fera de même des autres officiers, qui feront tous nommés par l'intendant-général, & amovibles à fa volonté, pourvu qu'il ait les égards dûs à la probité & à l'honneur. Afin que les malades & mendians ne fouffrent point des vacances inattendues d'emplois de chirurgiens qui font les plus preffans à remplacer, il y aura des furnuméraires, qui feront des éleves inftruits par les leçons de chirurgie qui fe donneront tous les jours à l'hofpice à un nombre de jeunes gens qui auront la per-miffion d'y affifter. Ces écoles devront jouir des privileges qui font attachés aux autres écoles publiques; & par ce moyen les familles peu riches trouveront encore des reffources pour inftruire & placer leurs enfans.

Ces différentes inftitutions perfectionnées comme

comme elles le feroient dans le cas de leur exécution, détruiroient la mendicité de la maniere la plus fimple & la plus fûre ; elle ne feroit plus un fpeétacle affligeant pour l'humanité, & des hommes réduits à l'oi-fiveté deviendroient réellement utiles. Le fouverain devroit interpofer fon autorité fur toutes les branches d'un mal qui eft de-venu un crime : fi l'état pourvoit généreu-fement aux befoins des malheureux, il ne doit plus leur être permis de folliciter des fecours particuliers : on doit donc défendre à tous les fujets du royaume de faire l'au-mône dans les maifons, dans les rues, fur les chemins, les places publiques, de quel-que maniere que ce foit, & ce à peine d'a-mende qui feroit prononcée par les juges de police des lieux. L'homme qui fera affuré de ne rien recevoir ne fe propofera jamais de faire une demande inutile. On pourroit enjoindre aux maréchauffées de veiller exaétement à la connoiffance des men-dians répandus dans leurs différens dif-triéts, de les arrêter & conduire dans les hofpices les plus prochains ; d'être d'une

V

exactitude la plus scrupuleuse sur la qualité
des passe-ports, qui sont pour la plupart
abusifs, & de n'en reconnoître aucun dans
ces hommes infâmes, qui sous l'habit d'un
conducteur d'animaux étrangers, d'un por-
teur de curiosité ou vendeur de chansons,
cachent presque toujours un coquin, un
voleur, ou prêt à le devenir, si la circonstance s'en présentoit. Ce sont au moins là
des oisifs qui vivent aux dépens du public,
en faisant un métier inutile, vil, barbare,
& toujours dangereux.

A ces premiers moyens de détruire &
prévenir la mendicité, on pourroit joindre
celui d'empêcher l'entrée du royaume à
tout étranger qui ne prouveroit pas qu'il a
en lui des ressources pour subsister de maniere à ne point être à charge à la société,
& défendre aux officiers publics d'accorder
aucuns passe-ports sans s'être assurés auparavant de la probité de ceux qui les demandent, de leurs justes raisons de voyage,
ainsi que des moyens d'y satisfaire, à moins
qu'ils ne soient du nombre des nécessiteux
qui ont cependant intérêt à passer d'un

lieu dans un autre, ces derniers feront reçus aux hofpices; mais fi les caufes de leur
paffe-ports font injuftes & fufpectes, elles
feront vérifiées, & dans le cas où un offi-
cier public aura prévariqué à cet égard, en
permettant de voyager à quelqu'un qui n'en
n'auroit point de motifs, il fera refponfable des frais qu'il aura occafionné, &
tenu à leur rembourfement.

Un magiftrat, dans chaque arrondiffement, devroit auffi être chargé de s'infor-
mer, d'une part de tous les ouvrages qui
exigent des journaliers, & de l'autre part du
nombre qu'il y en a dans fon département;
lorfque ceux-ci ne trouveroient pas à être
employés, ils viendroient s'adreffer à ce
magiftrat, qui les enverroit aux atteliers
qui lui feroient connus, & pourvoiroit par
ce moyen à détruire, ou au moins à diminuer confidérablement le nombre des mendians qui ne font tels que parce qu'ils
n'ont pu trouver à travailler. Tels font à-
peu-près les moyens de foulager les pauvres, & de prévenir la mendicité; il ne feroit
queftion que de les employer avec l'atten-

tion & les modifications convenables, que l'on n'omettroit sûrement point, s'il s'agiſ-ſoit de les exécuter.

Mais on eſt ſurpris ſans doute de voir tous les néceſſiteux d'un état raſſemblés en un même corps, & chacun ſe demande par quels moyens on pourra ſatisfaire à des beſoins qui paroiſſent infinis. Une deſtina-tion univerſelle & favorable ſemble devoir être diſpendieuſe; elle l'eſt à la vérité, mais beaucoup moins qu'on ne ſe l'imagine; des reſſources économiques tiennent lieu d'ar-gent, & l'on peut voir avec ſurpriſe par le tableau de la dépenſe qu'exigeroit l'éta-bliſſement propoſé, que l'entretien & la nourriture de chaque mendiant ou malade, ne coûteroit que ſept ſols par jour, l'un portant l'autre, ce qui feroit pour la tota-lité des cent mille à-peu-près qui exiſtent dans le royaume, un revenu annuel de douze millions ſix cents mille livres. Ceux qui n'ont pas idée de l'économie ſinguliere qui peut être la baſe de l'adminiſtration des hoſpices, trouvent les ſommes déſignées trop modiques; mais s'ils réfléchiſſent aux avantages attachés à une constitution exempte de toutes charges, qui prévient toutes les fraudes, & surtout celle de la consommation en pure perte, dictée par la mauvaise foi; ils concevront alors que l'on dépense peu, par-tout où l'on ne perd rien, & où il n'y a point de superflu.

Si l'on accordoit la noblesse, après vingt cinq ou trente années de service à un administrateur qui auroit travaillé avec zele, cette faveur seroit sûrement bien méritée par celui qui l'auroit obtenue, elle lui seroit dûe à de plus justes titres qu'à des échevins ou à d'autres propriétaires de charges vénales, dont les fonctions sont bien moins importantes que celles d'un citoyen qui consacre sa vie au soulagement de l'humanité.

On pourroit nommer à quelque bénéfice ou donner une pension sur le clergé aux aumoniers des hospices; accorder quelques gratifications à des médecins qui viendroient y faire des visites journalieres, enfin regler un traitement de huit ou neuf cent francs aux chirurgiens qui y seroient attachés; le bien des pauvres n'étant ainſi employé que pour eux & adminiſtré avec le plus grand ſoin, produiroit conſidérablement en leur faveur. Tout le travail des hoſpices étant fait par ſes membres, juſqu'aux vêtemens mêmes, rien n'y ſeroit diſpendieux. On cultiveroit un eſpace de terre propre à fournir tous les légumes pour la nourriture, & le chanvre néceſſaire pour le linge & l'habillement qui ſeroit de pluſieurs doubles de toile. Tout cela n'exigeroit des mendians que très-peu de forces & très-peu d'adreſſe; le chanvre préparé ſeroit travaillé par des tiſſerans membres de l'hoſpice, & les femmes qui y ſeroient pourroient le coudre & le filer. Les ſoins immédiats qu'exigeroient les mendians & les malades, ſeroient remplis par les moins infirmes d'entr'eux, & la mendicité miſe en activité ſe ſuffiroit en quelque façon à elle même. Doit-on donc s'étonner ſi l'on prétend pour voir au ſort des malheureux avec la modique ſomme de ſept ſols par jours?

On peut entreprendre la conſtruction & l'ameublement d'un hoſpice avec cent mille francs; j'ai dit ailleurs, que l'on ne devoit confulter que la fimplicité en pareil cas, & fi cette fomme de cent mille francs eft employée avec fidélité & économie, elle devra fuffire. Il faut donc pour l'établiffement complet des hofpices, vingt-cinq millions fix cent mille livres ou tout auplus trente millions, l'excédent de la premiere fomme fuppléant à un défaut deftimation qui n'exifte d'ailleurs peut-être point. Ainfi, le réfultat de mes calculs & le fondement de mon fyftême eft que fon exécution dépend de trente millions de capital, & de douze millions fix cent mille livres de revenu annuel. C'eft à moi à préfent à montrer les fources où l'on peut puifer ces tréfors.

L'établiffement des hofpices entraîne néneffairement la fuppreffion de tous les hôpitaux répandus dans les différentes villes du royaume, (*) puifque les malades de

____

(*) Les hofpitaliers & hofpitalieres qui ne feroient pas employé dans les hofpices, feroient penfionnés fur les revenus de leurs maifons, & les penfions né

toutes les efpeces & de tous les lieux trouveront un azile certain, il eft inutile de
conferver aucune des maifons qui leur fer-
voient de retraite momentanée. Tous les
biens qui y font attachés font le patrimoine
des pauvres, eux feuls y ont droit; ils doivent
donc être employés à leur foulagement,
& fi la conftitution des hofpices leur eft
plus avantageufe, il eft raifonnable de lui
facrifier la fubfiftance de tous les autres
établiffemens qui ont eu le même objet
fans avoir rempli leur fin. Quelles fommes
ne retireroit-on pas de la vente de toutes
les maifons de charité & de tous les meubles qu'elles renferment? ne font-elles pas
un tréfor ouvert aux befoins des hofpices?
J'ai établi la néceffité de fupprimer toutes
les maifons religieufes : les produits qui
réfulteroient de la vente de ces maifons
& du mobilier de chacune d'elles, font immenfes ; n'y auroit-il pas en outre, dans la
fuppreffion des bénéficiés oififs, & dans

____

ceffaires feroient moins difpendieufes que le parti de
conferver & de nourrir des fujets inutiles.

la fouftraction du fuperflu du clergé en exercice, une quantité de biens plus que fuffifante pour remplir la fin à laquelle il feroit jufte de deftiner tous ceux que je viens de citer ? On conviendra fans doute que ces différentes fources font abondantes & que l'on peut y puifer fans difficultés. En-vain oppoferoit - on une fin antérieure à celle que je propofe, que la volonté des fondateurs des divers établiffemens de piétié eft trop refpectable pour que l'on y porte atteinte & que ce qui exifte, fût-il mal, doit refter tel qu'il eft, fans changement ni amélioration. La volonté des fondateurs eft refpectable, foit ; mais on la refpecte-roit même en donnant à leurs biens la def-tination qu'ils ont eu en vue : quel a été leur but ? N'eft-ce pas de faire un bien public, de pourvoir à la fubfiftance des pauvres & au foulagement des infirmes ? Quel eft le fondateur raifonnable qui ait eu intention d'enrichir les moines, de les rendre maî-tres d'une portion de biens précieufe aux citoyens, de leur fournir un occafion cer-taine de déréglemens, & de les mettre dans un état entiéremens oppofé à la religion ? Ils changent bien la volonté de leurs fondateurs & ne fe font aucun fcrupule de s'écarter des regles qu'ils leur ont prefcrites : pourquoi, encore une fois, l'état ne pourroit-ils pas faire fucceder à cette prévarication une variation qui en eft une fuite néceffaire & qui a un grand bien pour objet ? Quel eft le fondateur qui ait accordé à l'églife des biens pour entretenir fes miniftres dans une oifiveté honteufe , dans un luxe contraire à l'efprit apoftolique, dans des défordres fcandaleux? Quel eft le fondateur d'hôpitaux qui n'ait eu pour objet principal, un bien public, un bien réel & le plus grand bien poffible ? Les hôpitaux ont ils ces différentes qualités? Une partie des fonds a été employée à élever des monumens à la vanité, les foins y font adminiftré à très-grand-fraix & à un très-petit nombre de malades, en telle forte que les citoyens indigens font privés très-fouvent des fecours dûs & néceffaires à l'humanité fouffrante. Où eft donc le bien public dans ces établiffemens? Où eft le plus grand bien? Peut-on nier que la jouiffance des biens de l'état entre les mains des moines & des eccléſiaſtiques qui en abuſent & qui en ſont indignes, ne ſoit injuſte & préjudiciable? le mauvais uſage que les pauvres font de ce qu'on leur donne n'eſt-il pas encore un mal réel? N'eſt-il pas certain que l'établiſſement des hoſpices ſeroit un très-grand bien? Peut-on, par conſéquent, ne pas le favoriſer par la deſtruction de ce qui eſt mal ou au moins inutile? Quel eſt le plus avantageux à l'état, de ſe débarraſſer entiérement des moines & des prêtres ſuperflus, de reprendre des richeſſes qui lui appartiennent & dont on abuſe, & de détruire la mendicité, ce qui forme quatre biens conſidérables, ou de laiſſer ſubſiſter les moines les prêtres ſuperflus, l'abus des biens publics; & les mendians, ce qui forme quatre maux réels? La ſociété doit-elle conſerver les hôpitaux & autres inſtitutions de charité, dans leur mauvaiſe adminiſtration, reſtreindre à un petit nombre de pauvres, des ſecours néceſſaires à un très-grand nombre qui y a des droits? ou changer une conſtitution

abufive, faire un meilleur ufage de fes biens,
multiplier les fecours & les étendre à l'humanité entiere? Vaut-il mieux que les hôpitaux fubfiftent dans leur état pour le bien
de quelques particuliers que de les détruire
pour le bien de l'état & de la deftruction
totale de la mendicité? Ces différentes queftions méditées férieufement, font propres
à prouver la folidité & la juftice du deffein
que j'ai propofé. Les trois fources que j'ai
indiquées pour faciliter fon exécution ne
font d'ailleurs pas les feules qui exiftent dans
l'état: il regne, dans certaines claffes, un luxe
& un fafte qui fuppofent néceffairement de
grandes richeffes; ceux qui les poffedent ne
pourroient trouver mauvais qu'on les enga-
geât à contribuer à un bien néceffaire à l'état.
On pourroit mettre fur les objets de luxe
une impofition qui, dans peu de tems formeroit un fonds fuffifant pour l'établiffement des hofpices: ce ne feroit qu'impro-
prement que l'on nommeroit cette collection un impôt; s'il faut que les mendians
fubfiftent des biens publics, à qui eft-ce à
les foulager, fi ce n'eft aux riches, & quels

font les riches ,d'un état, fi ce ne font pas ceux qui font de grandes dépenfes & fe livrent aux luxe? Qu'importe de quelle maniere ils fourniffent la portion de fecours qu'ils doivent aux malheureux? Eft-il un riche qui puiffe dire : c'eft moins à moi qu'à un autre moins riche à foulager les pauvres ? Cet argent ne feroit point levé par force ; la liberté refteroit entiere, & l'on ne feroit violence à perfonne : celui qui ne feroit pas en état de contribuer à l'établiffement des hofpices, ne feroit point faftueux ; l'homme en état de faire du bien ne s'offenferoit pas de ce qu'on lui indiqueroit le meilleur moyen d'y parvenir.

Les revenus des ordres religieux, ceux des eccléfiaftiques fuperflus, ceux de tous les hôpitaux & inftituts de charité excederoient de beaucoup les befoins des hofpices ; mais quand il ne feroit queftion, ni de détruire les moines, ni de diminuer le nombre des eccléfiaftiques , les feuls revenus des établiffemens de charité feroient déjà un objet confidérable, le mauvais ufage que l'on en fait en laiffe méconnoître le prix ;

une adminiſtration plus parfaite l'augmenteroit infiniment, & l'on en retireroit les plus
grands avantages par le moyen des hoſpices. L'égliſe ſubſiſtant dans ſon entier pourroit au moins fournir le ſupplément qui
ſeroit néceſſaire à la collection des revenus
des hôpitaux. Il eſt certain que le clergé,
tant ſéculier que régulier jouit d'une abondance preſque générale & d'un ſuperflu
exorbitant; il n'eſt pas moins certain auſſi
que ce ſuperflu eſt le bien des pauvres, &
que le bénéficié qui ſe l'approprie eſt un
voleur qui ſe couvre d'un maſque pour cacher ſa conduite. L'état ne peut permettre
que des biens qui lui ſont propres & appartiennent à ſes membres ſoient diſtraits
ſans motifs: on punit les voleurs particuliers, pourquoi toléreroit-on des voleurs
publics, des voleurs de biens publics? Il
eſt juſte de s'aſſurer de la légitimité de l'u-
ſage des biens ſuperflus des eccléſiaſtiques,
&, en obligeant les maiſons religieuſes &
tous les bénéficiés; à verſer dans le tréſor
public, ce qu'ils ont de trop & qui n'eſt
pas difficile à eſtimer, on ne feroit qu'un

acte de justice qui mériteroit au prince qui l'auroit opéré les éloges de tous ses sujets.

Si les moines & les ecclésiastiques inutiles étoient supprimés, leurs pensions n'absorberoient pas, à beaucoup près, leurs revenus tels qu'ils sont actuellement; ainsi de quelque maniere que l'on agisse envers eux, leurs biens sont une source où l'on peut puiser abondamment.

J'ai dit que pour détruire entiérement la mendicité, il étoit nécessaire de défendre de faire des aumônes qui tendent à la favoriser, & d'infliger des peines à ceux qui transgresseroient cette loi. Mendier est un mal & même un crime, ainsi il est raisonnable d'en empêcher, & personne ne doit regarder comme attentatoire à sa liberté, la défence de contribuer à un désordre public. Les mendians n'auront plus à fonder leur espoir sur des distributions manuelles; cependant le même esprit de libéralité peut toujours subsister; la destruction de la mendicité n'entraine pas celle des sentimens de piété, de miséricorde & de générosité; l'humanité inspirera toujours de la bienfaisance,

elle eſt naturelle à l'homme, & les moyens
de l'exercer feront toujours aſſez communs.
D'ailleurs tous les citoyens pourroient contribuer de leurs propres fonds au bien public, & ſatisfaire en cela leur généroſité
envers les malheureux. On évalueroit facilement ce que chacun peut donner à raiſon de ſes revenus & de ſes charges; par
exemple, il n'eſt pas douteux qu'un homme
avec mille écus de rente, ſans être engagé
à une dépenſe extraordinaire, ne doive ·&
ne puiſſe ſacrifier une certaine ſomme pour
ſoulager les indigens : on ne peut préſumer
que celui qui le peut & le doit, n'y ſoit
pas diſpoſé. On pourroit donc s'aſſurer de
la fortune & des charges de tous les ſujets
de l'état, dans les claſſes où il peut y avoir
du ſuperflu, & faire ſur elle une collection
de charités préſumables. Ce ne ſeroit point
un impôt, mais la recette d'un don libre
dont on fixeroit la rétribution à tel tems
& de telle maniere. Riches de qui l'on exigera un louis pour les pauvres, pouvez-
vous, oſeriez-vous dire que, dans le
courant d'une année, vous n'en euſſiez pas
donné

donné autant à ceux qui auroient imploré votre pitié ? & quand ce que l'on demanderoit à chacun feroit une impofition véritable, elle ne feroit point de la même nature que les autres, elle ne concerneroit que ceux qui feroient en état de la fupporter & dont le plus grand nombre s'y foumettroit librement. Les mendians, de quelqu'efpeces qu'ils foient, fubfiftent, ils font nourris, logés & vêtus par les charités : ces charités raffemblées, ferviroient à la même fin, avec un plus grand ordre dans leur diftribution, & leur ufage fera un moyen plus fûr & plus facile de fubvenir aux befoins de tous les pauvres.

En propofant la deftruction des hôpitaux de charité, pour leur préférer les hofpices, je n'ai point entendu que cette fuppreffion entraîneroit celle des hôpitaux militaires qui font dans les villes où il y a ordinairement une garnifon nombreufe. On ne peut au contraire trop multiplier les faveurs à des hommes qui en méritent de fpéciales par leur dévouement au falut de la patrie ; il feroit feulement queftion de

perfectionner l'adminiſtration de ces hôpi‑
taux dans les principales villes de guerre
& d'établir une ſalle particuliere dans les
hoſpices où les ſoldats malades feroient re‑
çus & traités convenablement, lors de leur
paſſage ou dans d'autres circonſtances.

Il eſt encore une eſpece de néceſſiteux
qui ne peuvent profiter de l'établiſſement
projeté ; ce ſont ces malheureux rejet‑
tons du libertinage, fruits d'un amour
illîcite ou d'une union non légale ; deſti‑
tués de peres & de meres dans un âge ou
les ſecours leur ſont les plus néceſſaires ;
il eſt du devoir de la ſociété de pourvoir
à leur ſalut ; l'humanité le demande. Les
maiſons établies pour ces infortunés ſont
reſpectables par la fin que leurs inſtituteurs
ont eu en vue & l'on ne peut trop reſ‑
pecter, en effet, leur intention ; mais il
eſt néceſſaire d'améliorer & de multiplier
ces maiſons, par les mêmes moyens que
j'ai déjà indiqués, & de travailler à donner
une conſtitution plus favorable à des objets
auſſi intéreſſans à la ſociété. La honte eſt
attachée à la naiſſance des enfans trouvés,

on les avilit : mais de quoi n'eft pas capable un homme avili fans y avoir jamais donné lieu? De quel droit venge-t-on fur les fils le crime de leurs peres? Ne font-ils pas des hommes, des citoyens? Ne doivent-il pas jouir des privileges que la fociété accorde à fes membres & qu'a-t on à reprocher à celui qui lui confacrè fes travaux & fes talens? Le premier abus que je vois dans les hôpitaux qui leur font deftinés, eft d'y recevoir les enfans des perfonnes qui font en état de les élever elles-mêmes, ou de pourvoir à leur éducation par leurs richeffes, ou au moins de les y recevoir fans favoir à qui ils appartiennent, parce que celui qui a donné le jour à un homme, peut dans un tems, être obligé de le confier aux foins publics, & enfuite, être en état de lui faire du bien, le defirer & ne le pouvoir. La connoiffance du nom du pere d'un enfant pourroit, néanmoins pour le bon ordre, être gardée dans le fecret &, en l'exigeant, on ne feroit que ménager une reffource conditionnelle à celui qui en eft totalement privé, Un autre abus eſt d'exiger de l'argent pour la réception des enfans provenans de meres qui n'ont pas le moyen d'en donner ni de s'en faire adjuger, à raiſon de l'inſolvabilité de ceux avec leſquels elles ont eu commerce; ſi d'une part la facilité de placer les enfans multiplioit les déſordres qui leur donnent naiſſance, d'autre part la population y gagneroit; des crimes honteux ne ſe commettroient plus ou que plus rarement, & la ſociété auroit moins ſouvent à gémir de la deſtruction meurtriere d'enfans qui pourroient un jour devenir des citoyens zélés & utiles à leur patrie.

Les fous ne peuvent, non plus, être reçus dans les hoſpices; il leur faut une diſcipline peu compatible avec un établiſſement dont l'eſprit principal eſt la douceur & qui tend au bonheur de l'humanité. La violence eſt ordinairement le ſeul moyen de diriger des fous; mais, que dans le gouvernement des maiſons où on les retient; on penſe un peu plus qu'ils ſont des hommes & des hommes malheureux dont on doit adoucir le ſort, autant qu'il eſt poſſible de le faire.

Tous les indigens étant secourus & la mendicité détruite, ne résultera-t-il point de mal d'un établissement qui écartera l'oisiveté & obligera tous les hommes à remplir leur devoir de citoyens ? Travailler pour vivre, mendier ou voler, sont les seuls partis entre lesquels puisse choisir un malheureux destitué de fortune ; le plus dangereux ne prévaudra-t-il point par la suppression de la faculté de vivre d'aumones ? Je réponds à ces objections : que lorsqu'il n'y aura plus de mendians, les mendians ne deviendront plus des voleurs. Les hommes sont plus portés au travail qu'au vol & ils se détermineront plus sûrement à gagner leur pain en travaillant qu'en s'exposant à la rigueur des loix : s'il en est qu'elles n'arrêtent point dans leur aveuglement, c'est presque toujours parce qu'ils ont été conduits par ces gradations, de la misere à la mendicité, la premiere née de l'espoir fondé sur la seconde, & de celle-ci, frustrée de ses vues, au crime qui est l'effet de l'avilissement de l'ame. Les fainéans seront réduits à travailler puisqu'ils ne pourront

mendier, & les indigens infirmes & fans
forces, ayant un azile où l'on pourvoira
à leurs befoins, de la maniere la plus hu-
maine, ne chercheront plus leur fubfiftance dans une conduite révoltante, infa-
me & pleine de dangers. Bien loin donc
que la deftruction de la mendicité augmente le nombre des voleurs, elle fera un
moyen fûr de le diminuer, & c'eft peut-
être ici celui de tous les objets propofés
qui mérite le plus d'attention.

Je crois avoir rempli le deffein que j'ai
annoncé au commencement de cet ouvrage,
l'homme qui a voulu le lire y a trouvé la
connoiffance de fa nature, de fes devoirs,
il a dû y connoître la fource des penchans
qui détruifent fon bonheur, & les remedes par lefquels il peut le recouvrer. L'a-
mour du bien public les avantages qui y
font attachés doivent auffi être fuffifamment
infpirés, défirés & connus par tous ceux
qui ont fait quelqu'attention à mes principes. La honte attachée à l'oifiveté & au
crime eft dévoilée, l'abus des richeffes peut-
être corrigé; l'état peut s'enrichir en détrui-

fant la mendicité & fa vraie richeffe confifte fûrement à n'avoir que peu ou point de pauvres. Si je me fuis trompé dans mes ré-flexions, ceux qui fauront me juger, en trou-vant dans mon efprit la trace des erreurs humaines, reconnoîtront aumoins dans mon cœur les vœux qu'il a formés pour le bien de la patrie, le triomphe de la vertu & le bonheur de tous les hommes.

F I N.

Tableau de la dépenſe qu'exigeroient l'é-
tabliſſement , l'ameublement & l'entre-
tien des hoſpices deſtinés à la mendi-
cité.

Conſtruction de chaque hoſpice	liv.
qui ſera un bâtiment ſimple &	
ſans étages.	60000.
Ameublement complet conſiſ-	
tant en habillemens , linges ,	
vaiſſelles , lits , tables , &c.	40000.
Total.	100000.

Pour deux cents-cinquante ſix
hoſpices à raiſon de huit par
généralité, ſauf meilleure diſtribution & proportion à garder. 25600000.

Pour ſuppléer à la ſuppoſition
d'un défaut d'eſtimation. 4400000.

Total des frais de conſtruction

& ameublement. 30000000.

A chaque mendiant, par jour.

                                    f. d.

Pour du
chée à l'euvre & demie de pain.   2. 6.

Pour du
un petit nor
roit befoin.   0 2.

Eſtimation de la dépenſe journaliere & annuelle de chaque hoſpice
& de chaque mendiant.

A chaque hoſpice, par jour.	l. ſ. d.	A chaque mendiant, par jour.	ſ. d.
Pour du pain fait avec l'économie attachée à l'emplette du bled en proviſion.	51. 0 0	Pour une livre & demie de pain.	2. 6.
Pour du vin dont on ne donneroit qu'à un petit nombre de perſonnes qui en auroit beſoin.	3. 6. 8.	Pour du vin.	0 2.
Pour de la viande dont on ne donneroit que deux fois par ſemaine à tous les mendians & tous les jours aux malades.	13. 6 8.	Pour de la viande.	0 8.
Pour des légumes recueillis ſur des terreins cultivés par les membres de l'hoſpice.	10. 0 0	Pour deux portions de légumes.	0 6.
Pour du ſel employé dans la cuiſſon générale du pain & des nourritures ſans diſtribution particuliere.	3. 6. 8.	Pour du ſel.	0 2.
Pour du bois & de la lumiere employés ſeulement pendant l'hiver dans les ſalles & continuellement dans la cuiſine & au four.	13. 6. 8.	Pour lumiere & bois.	0 8.
Pour des habillemens faits & doublés de groſſes toiles provenantes des chanvres cultivés par les membres de l'hoſpice.	13. 6. 8.	Pour habillement.	0 8.
Pour blanchiſſage fait par les membres de l'hoſpice & très-rarement eu égard à la couleur & à la qualité du linge & des vêtemens.	3. 6. 8.	Pour blanchiſſage.	0 2.
Pour appointement & gages des officiers & domeſtiques & l'entretien d'une apothicairerie fournie en drogues les plus ſimples & quelques beſoins imprévus.	30. 0 0	Pour gages des domeſtiques, honoraires des officiers, apothicairerie, & beſoins imprévus.	1. 6.
Total de la dépenſe journaliere	liv. 140.	Total de la dépenſe journaliere	7. ſ.
Total de la dépenſe annuelle de chaque hoſpice.	l. 50400.	Total de la dépenſe annuelle de chaque mendiant	l. 126.

Récapitulation Générale.

Conſtructions & ameublemens	30000000 liv.
Entretien ou revenus annuels	12500000 liv.

www.ingramcontent.com/pod-product-compliance
Lightning Source LLC
LaVergne TN
LVHW011958170726
843503LV00001B/143